試し営業に抜群の効果「営業代行業者」の活用法

宮本 梵 著

セルバ出版

はじめに

21世紀は、道筋を自らの手で創りださなければならない模索の時代です。情報が溢れすぎ、選択肢が多すぎて、人の心が読みにくい遠近視な世の中です。そんな中、営業においても有効な売り方を見つけることは至難の業です。

そこで私が本書で訴えたいことは〝一番いい売り方を見つけたいと思うなら、まず試し営業をやってみろ！〟ということです。

〝試し営業をやって、これはいけると思う売り方を検証しよう！　ベストな売り方は、やって気づく検証の中から見つかる！〟と訴えたい。

これはいけると思う売り方（営業手法）を発想したら、企業の営業全体が動く前に、その売り方が良いかどうか少人数でやってみるのです。これはと思う売り方を、思うだけでなく実際にやってみるのです。他にも気になる売り方があればいろいろ試してみる。いろんな売り方を試して、一番いい売り方を見つけるのです。さらには同時期に違うエリアで、同じ売り方を複数試してみることもできます。

ここで私のおすすめする試し営業の肝は、社外の営業代行業者（アウトソーシング）を使うということです。これにより、すばやく試し営業プロジェクトを立ち上げることができるのです。プロジェクトと立上げに際し、外部の業者を使うことによって営業部内の人材調達、編成調整の手間がなくなります。さらに社内の人間関係のパワーバランス、思惑にとらわれずに、売り方そのものを客観的に判断することができます。その結果、第三者の視点を取り入れた良いとこどりの売り方を見つけることができるのです。また実施後の検討会で、新商品コンセプトのつくり直しや、新しい売り方そのものを中止することもあります。

このように試し営業は、新しい営業活動を実施する際のリスクヘッジになります。実際のプロジェクトイメージは、1チームでリーダーを含め営業スタッフ5～6人です。活動期間は3か月で活動エリアを限定して実施します。これが有効な売り方を見つける有効な武器になるのです。そして試し営業は営業代行に拡大進化していきます。

営業は売り方が有効であれば、成果の量、達成スピードは営業スタッフの人数と比例します。〝衆寡敵せず〟（少人数は大人数にはかなわない）という戦いの根本原理が21世紀にも貫かれています。

現代の戦いはスピードが問われます。自前主義だけでは限界があります。状況をとらえて期間限定で必要なときだけ、外部の営業専門機関（セールスエンジン）を活用することも必要です。

本書は、営業の課題を抱え、これを何とか解決したいと考えている多くの営業現場の関係者、若者からベテランまで読んでもらい、営業改革のきっかけにしていただきたい本です。

平成27年8月

宮本　梵

試し営業に抜群の効果「営業代行業者」の活用法　目次

第4章　営業代行はこんなしくみ

おわりに

第1章　試し営業をやろう

1　試し営業とは

試し営業の目的は、有効な売り方を見つけること

すべての営業は原則的に試し営業から始まります。

営業は、結果を出す活動です。そのためには、売上が伸びる有効な売り方が必要です。

さらにスピーディーに結果を出すということになれば、営業スタッフの人数も増やし規模の大きさを求めます。しかし、営業目標、数値が設定されても、それを達成に導く売り方（営業手法）が有効なものでなければ営業スタッフの量としての強みはいかされません。

このため本格的な営業展開をする前に、試し営業をする必要があるのです。

試し営業が、本格的な営業をやる前の前哨戦です。

社内の営業関係者がつくった仮説の売り方を検証、見直し、効果の出る有効な売り方につくり替えるのです。試し営業の一番の目的は、仮説の売り方をベースに有効な売り方を見つけることです。

ＦＳ（問診）をやって問題の背景をあぶりだす

実際の試し営業は、まず、プロジェクトを発足させ、ＦＳ（フィジビリティ・スタディ：案件に対して試し営業をやる意味があるかどうかの確認作業）からスタートします。

ＦＳは、試し営業をやることによって、問題を解決することができるかどうかを判断するためのヒヤリングです。ここで最初にチェックしなければならない一番重要なアクションは、〝なぜ試し営業をやらねばならないか〟という課題の深層にある原因の究明です。

試し営業をしたいという背景について、問診をします。

そこには、企業の営業部がかかえる市場を巻き込んだ問題、課題、悩みがあります。また、それをかかえ込まなければならなかった原因があるはずです。試し営業プロジェクトは、ＦＳをとおしてこの原因の背景を理解し、営業部と一緒になってその解決策を考えます。

試し営業で検証する仮説の売り方をつくる

世の中には、できることと、できないことがあります。

物事には、やる意味があることと、意味がないことがあります。

問診を通じて、これをはっきりさせるのです。

その結果、試し営業の実施によって問題解決につながる結果を手に入れられると判断できれば、仮説の売り方（営業手法）の設計に具体的に着手します。ベストな売り方は、後で詳しく説明しますが、営業現場のアイデアを反映させたものです。

仮説の売り方が決まれば試し営業がスタートします。仮説にもとづく営業プロジェクトは、小さく生むことから始まります。

2　試し営業の活動フロー

営業プロジェクトは、ＳＶの選定から始まる

活動フローについては、添付している資料を見てもらえば一目瞭然です。フローにすると単純な流れです。しかし、実際のマネジメントはこれを運営して、成果を出さなければならないかなり大変な業務です。実施が決まると試し営業プロジェクトは、ＳＶ（現場責任者）を選定し、プロジェクトのマネジメントをまかせます。

ＳＶが最初に取りかかることは、試し営業部隊の編成です。その中で特に営業スタッフの確保が優先されます。

営業実験プロジェクトは、企業の正社員営業スッタフで編成する場合と、営業代行会社の募集人材で編成する場合とがあります。

プロジェクトメンバーの営業スタッフは5人くらいで、他にリーダー1名、事務スタッフ1名という構成。この編成人数の増減は、活動内容を前提に営業部とのすり合わせによって決定します。

営業代行会社のここでのポイントは、ＳＶとリーダーは自社の社員で固めることです。そうすることによって、指示命令がスムーズに徹底されます。

仮説の売り方は少数精鋭で立案する

売り方は、営業部の優秀な中堅幹部３～４人に参加してもらい営業現場の意見を反映させます。

このメンバーは作戦立案のセンスが問われます。

中堅幹部というだけではなくアイデア、発想力のある人、全体から原因、問題点を俯瞰できる人、問題の解決策がデザインできる人物です。凡庸な人材が肩書にものを言わせて喧々諤々と議論しても何も生まれません。

仮説の売り方の策定は極めて重要。

これは、試し営業を実施するエリアの選定、ターゲットの設定、活動方法、営業ツールの開発、営業トークを含む売り方の仮説設計です。これができれば営業スタッフは、営業研修を受講し商品知識を固め、営業手法にもとづいた模擬演習をやることによってモチベーションをアップさせます。

試し営業をスタート

売り方は毎日の終礼をとおして見直します。営業活動のＰＤＣＡの中で、実践的な売り方へと改良していくのです。試し営業の目的は有効な売り方の発見です。

そのため営業活動は、商品・サービスの仮説設定したセールスポイントや営業ターゲットが正しいかを検証します。

市場から収集できる気づき、データ分析は、積極的に活動に反映させます。

3〜4ヶ月間の試し営業が終了すると、活動データを分析、検討し活動報告書にまとめます。活動報告書は新たな売り方の発見報告であり、今後の営業戦術案でもあります。

これは企業営業部に反映され、有効な売り方として営業現場で一斉実施することになります。

試し営業から営業代行増強へとつながることもある

営業代行会社は、新しい売り方の発見に伴って、活動報告会で営業代行増強の提案をすることもあります。

企業の営業強化のタイミングによっては、営業代行の継続、再編強化につながることもあります。もちろん、試し営業だけで終わることもあります。

営業代行の継続強化となれは、試し営業を実践した優秀メンバーは残し。再編成プロジェクトのリーダーとして活躍してもらいます。

新たな営業スタッフ確保は準備期間として1ヶ月必要。

営業スタッフの採用は募集告知から考えると、どうしても一定期間かかります。

その際、20〜30人の新規営業スタッフを増員します。

営業代行は、試し営業と違って一チーム総人数20〜30人の営業スタッフで構成しますが、進捗状況によっては途中でさらにチーム数を増やすこともあります。

その後営業スタッフは活動期間中、適性を見て入れ替えもします。

営業は実際にやることによって多くの気づきを得る

試し営業の実施時期は、３月決算の企業であれば、５〜６月頃スタートし上期に仮説の売り方の検証を終えるところが多いです。

下期は、上期の試し営業によって検証した売り方を全営業部で実施するのです。有効な売り方であることを実感して営業活動することは、現場の営業メンバーと営業幹部のベクトルが合いプラスαの集中力を生みます。このことはおのずと業績に反映されます。

営業活動でマイナスのパワーが生じるのは、営業スタッフが抱く売り方の不信、不安です。営業スタッフも人の子、自分なりに努力をしているが、売上につながらないとき、自分がやっている売り方、営業手法に自信がなくなるのです。そうすると売れない原因を、上から指示された売り方そのものに押しつけてしまうことがあります。自分ではない他のもののせいにしてしまうのです。一種の逃げです。

このような営業スタッフがおちいりやすい性癖を払拭するには、本格営業を実施する前にやる、試し営業が絶大な効果を発揮します。

または上期の同時期に、同じ売り方、何種類もの違う売り方を複数エリアで実施することもあります。最も効力のあるモデルを採用することや、複数エリアでの実施結果のいいとこ取りのセールスモデルをつくることもあります。

そして、下期に上期の売り方を改良した新しい売り方を営業部に導入するのです。

【図表１　試し営業の導入スケジュール例】

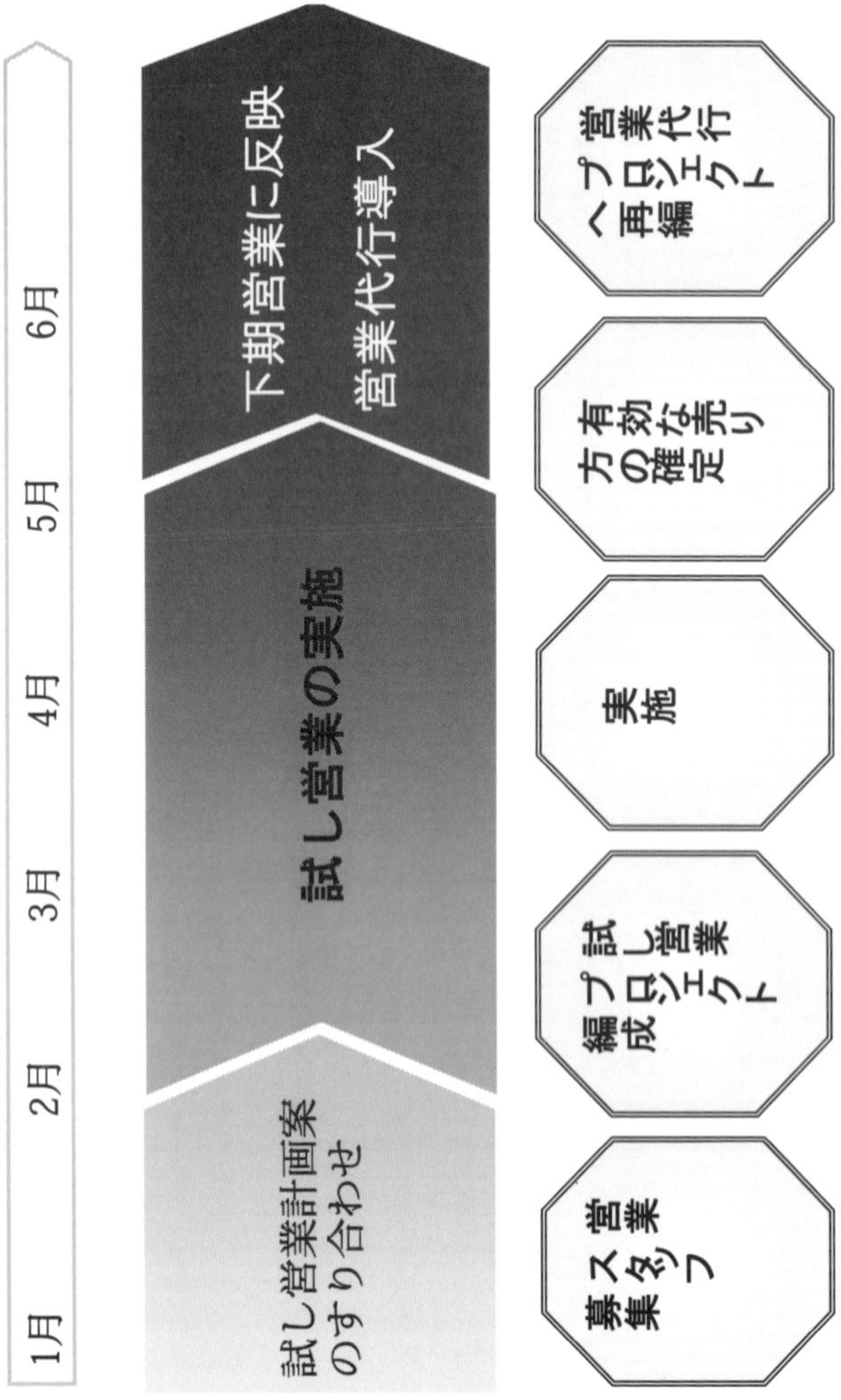

3　同時期にいろんな試し営業をやってみる

有効だと思われる売り方は、すべて試してみる

試し営業は、同時期にいろいろなセールス実験ができます。売り方を数種類用意する、ターゲット対象を複数設定する、試し営業を特性の違うエリア２～３カ所で実施するなどです。

有効だと思われる手法は、試し営業ですべてやってみるのです。

営業全体が動き出した後、方向転換をするロスを考えれば、試し段階で気になる手法はすべて出し切ったほうがよい。そして良いとこ取りの実践的な売り方を策定するのです。

本格営業の開始後、多少の売り方の改良はあるでしょうが、試し営業をやったことによって売り方に対する信頼感はあるので、営業スタッフの集中力は確実に増します。

営業活動はやりながら考え、気づかされることがたくさんあります。

想定外の思いつきもしなかったことが起こります。良いことも、悪いことも含めて、行動を起こすことによって様々な出来事が生まれてきます。しかし、本格営業を開始する前に、想定することのできる有効な売り方を事前に試しておくことは、より進化した売り方に通じるステップになるはずです。

従来から踏襲している旧態依然の戦術、前年の戦術を小手先でいじるという効果のない施策はもうやめるべきです。

今こそ、試し営業の実施を真剣に検討していただきたいと思います。

このしくみの次には、営業代行をからませた営業力アップの売り方も用意しています。期間を限定した営業代行部隊の導入です。有効な売り方が見つかれば、一時的に営業パワーを強化してマーケットシェアを拡大するのです。

そして営業代行の終了後は、現状の営業メンバーで以前からのお客さんに新規企業さんを加えて、息の長い継続メンテナンスに専念すればいいのです。

営業活動は他社との連携・協力体制によってもシナジー効果を生むことができます。

すでに日本のメーカーは、設計から製造まですべてを内製化したのでは生き残れないと、部品調達からアセンブリまで外注化を推進しています。

自社だけのフルライン体制から、他社との協力体制、連携に変わってきているのです。

さらには、円高の影響も視野に入れ生産拠点を海外移転し、生産性、低コストの徹底をはかるグローバル経営にシフトしています。

ぜひ、営業部は、現状の営業体を柔軟に見直し自社の営業課題をあぶりだしてもらいたい。そして、その解決策をイメージし、シナリオ化してください。

そこには試し営業の必要性が浮かび上がってくるはずです。

4　【事例】加盟店看板の取り付け交渉

対象になる加盟飲食店、レストランは２万店

クレジット会社の加盟店看板の取り付けを委託された営業代行案件です。

これは試し営業のいいとこ取りの事例です。このプロジェクトは、６ヶ月間、東京、名古屋、大阪という大都市で実施されました。

看板は内照式の袖看板で、もちろん取り付け工事を含め無料で設置しました。夜になると店頭でよく見かける照明看板です。形状は長方形、四角、丸型など数種類の中から、店主に選んでもらい店の入り口付近に取り付けました。この案件の問題点は、指定エリアの対象となる飲食店、レストラン加盟店が二万店もあることでした。

それを50人の営業代行スタッフで一気に効率よく回り、半年で成果を出さなければなりません。

成果を出すということは、看板の取り付けを完了させることです。

成果を出すためには、最初に加盟店舗責任者に看板取り付けの了解をもらわなければなりません。次に建物の側面に取り付け用の穴をあけるので、建物のオーナーにも了承をとらなければなりませんでした。ビジネス、営業活動には、常に時間の制約があります。このケースはその典型でした。

そこで実施したのが試し営業です。

何が営業効率を上げるキーファクターか

東京エリアが営業活動のファーストステージとなりました。

最初に加盟店舗を訪問した際の、交渉セールストークのスクリプト（応酬話法の見本）を数種類つくり、その有効性を検証しました。

SVは営業スタッフの行動パターン、活動情報を収集し、分析の中から思い付いた様々な売り方を試し実験したのです。

ここでポイントとして浮かび上がってきたのは、加盟店舗責任者とのコミュニケーションがキーファクターだということでした。営業スタッフは、この責任者に看板取り付けの意味をよく理解してもらうために、熱意をもって接近しました。

この責任者の口利きが、建物オーナーの了解取り付けに大きな影響力を発揮したのです。

そこで、まず加盟店舗の責任者向けの有効な売り方、セールストークをつくり、マニュアル化しました。それによって、営業部隊が始動時に陥る試行錯誤の時間が取り除かれ、名古屋、大阪での展開がスムーズにできました。

各拠点の進捗管理は、同質の行動管理を維持するため東京本部で一括管理しました。

その結果、成果としてはリストアップされた加盟店の半数強から看板取り付けの承諾をいただきました。このことから言えることは、いろいろの売り方を試すことによって、一番有効な売り方をすばやく捜しだすことができるということです。

第2章　試し営業の3つの導入ポイント

営業活動で試し営業を導入するポイントとして3つのケースが想定されます。

1つ目は〝既存の商品、サービスが売れないので何とかしたい〟という課題があるケース。

2つ目は〝新しい商品、サービスを近々発売するが、有効な売り方がわからない〟というケース。

3つ目はマーケティングリサーチをやりたいケース。

この内、2つのケースは、内容は違うが、どちらも成果のでる売り方を見つけたいという課題をかかえています。

3つ目は課題解決のために設定した仮説を、実際に調査活動で検証し、仮説の成否を見極めたいと考えています。

この課題解決に、営業部内の人事調達、編成調整の手間をかけて特別プロジェクトを発足させて、試し営業をすることがあります。このくわだては、容易に想像できるように大変なエネルギーを必要といいます。結果についても、社内の思惑に左右されて客観的な判断がしにくいのです。

そこで営業代行会社を使って試し営業をします。

営業アウトソーシングを使うことによって、客観的に売り方を検証するのです。

あえて外部機関を使う意味は、マーケットからいかに消費者動向、反応の客観的な情報を吸い上げるかが、作戦策定で重要な判断要素になるからです。

この3つのケースを、試し営業の視点て説明します。

【図表２　試し営業の実施フロー】

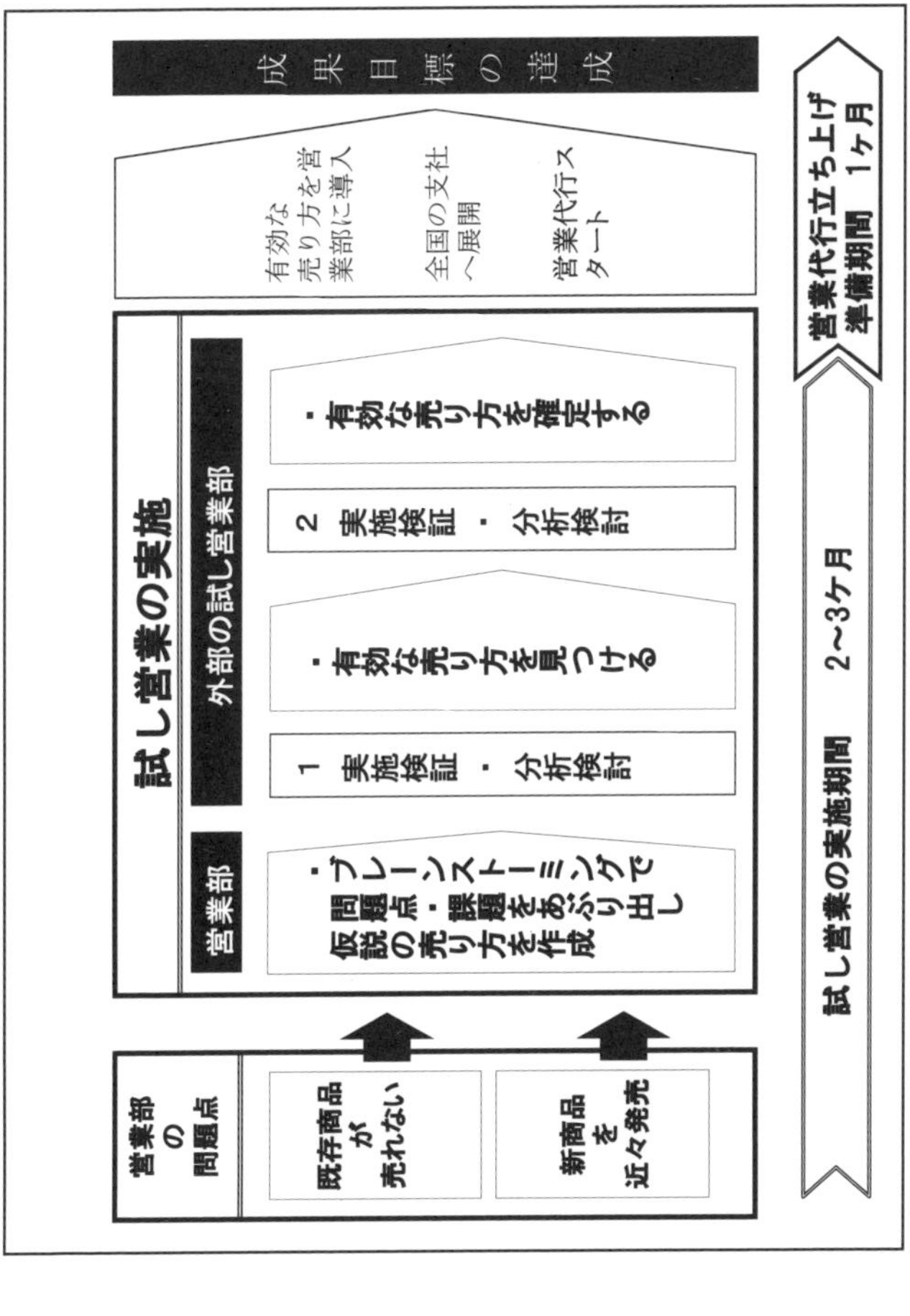

1　売上が伸びないときに試し営業

商品特性を消費者がどうとらえているかの情報収集

既存商品・サービスの売上が伸びない原因究明は、部屋の中で沈思黙考してもわかるものではありません。

マーケットに出て、消費者が購入または利用する現場に身をさらさないと見えません。

〝感じろ〟といってもいいかもしれません。その現場に身をおくことによってしか感じることのできない、微妙なニュアンスを拾いあげることが大切です。

先入観のない客観的な視点が必要です。ここに営業アウトソーシングを使う意味があります。

営業スタッフの活動内容は、直接マーケットに参加してその売れない商品・サービスに対する消費者の反応、評価、受入状況などを吸い上げてくることから始まります。

一般的に商品は商品開発をする前に、商品特性としてどんな価値（デザイン、機能、安さ、サービス内容、スピードなど）を売りにするか、購入者ターゲット（年齢層、性別、所得層、対象地域など）をどうするかをあらかじめ設定します。

営業代行スタッフは最初に仮説設定した商品特性が、本当にマーケットニーズと合っているか実態調査をするのです。その商品の特性を消費者がどうとらえているか、その情報を収集するのです。

売れない原因をあぶりだし、新しい売り方を創りだす

消費者がこの商品に求めている価値は、商品開発時に考えていた価値と大きく違っているかもしれません。機能特性を前面に出して広告宣伝していた商品が、実際はデザインに魅力を感じて購入されていたというケースもあります。あるいは、安さが一番の購買動機だったケースもあります。ターゲットにしても同様で、20歳台の女性をターゲットにしていた商品が20歳台には関心を持たれず、一番の購買層は30～40歳台の女性に買われていたということもあります。

想定外の価値やターゲットが導き出されることもあるのです。マーケットは生き物。商品開発者の想定通りには反応しません。商品をマーケットに投入して初めてわかる価値、ターゲットがたくさんあります。

そこで、商品・サービスの発売時につくった売り方の見直し、再設計し、市場から気づかされた新たな価値、ターゲットに合わせた、新しい売り方を創りださなければなりません。

仮説の新しい売り方を試し営業

新しい売り方ができ上がれば、再度その新しい売り方を検証するための試し営業を実施します。そして、新しい売り方は試し営業によって再度、改良、見直しが加えられ実践的な売り方に仕上げます。

その有効な売り方は、企業営業部に導入され全国の営業拠点に水平展開されることになるのです。

2 【事例】地方メーカーが営業部をつくり東京へ進出

若社長には夢があった

この企業は中国地方の中堅都市にある健康酢メーカー（A社）です。

この案件は健康酢メーカー（A社）からの問合せから始まりました。

そして試し営業をやるきっかけになったのは、営業訪問した際の問診から得たヒントでした。

依頼主は2代目若社長でした。若社長には夢がありました。

父親創業による健康酢製造会社をより発展させたい。地方都市を拠点にした単なる食品メーカーで終わらせたくないという強い思いがありました。

当時、A社の健康酢製造は、前年の販売実績と、健康食品市場の動向を見積もって、生産数量を決めていました。

商品は、濃縮タイプ紙パックの1・5リットルと、750ミリリットルが主製品で、他に携帯用ステックがありました。飲むときは、どれも水に溶かして飲む健康酢です。商品の販売は、問屋をとおしてデパートの健康商品売場で展示販売されていました。販売ルートはこれだけです。

2代目若社長は、漠然とした販売拡大のビジョンを持っていました。

〝市場は東京だ。東京圏のマーケットに当社商品を進出させたい〟という意欲をぶっつけてきました。

ＦＳから浮かび上がったＯＥＭ案件

営業代行会社の営業スタッフは、フィジビリティ・スタディ（ＦＳ）で、様々な角度からこの健康酢の現状、実態、実績、効能を問診しました。その中で、１つ引っかかる実績が浮かび上がってきました。

以前、東京のエステから〝ＯＥＭ（相手先ブランド）でお店独自の健康酢として販売したいが、可能かどうか〟という、問合せがあったということでした。そのエステ店は、オリジナルのラベルを張った健康酢として、お店において売り出したいとのことでした。

もちろん、この案件は受注して納品しました。

この情報は問診の中でさらっと話されました。その後、ＯＥＭ案件の問合せはありませんでした。たまたまの例外事例、こんなこともあったというレベルで、この実績は生かされていなかったのです。

営業代行会社の営業スタッフはこの実績に食いつき、この事例はA社の東京進出のキーファクターであることを指摘しました。

２代目若社長は、この切り口に納得し、話を前に進めました。そして数日後、東京のエステを販売ターゲットにした東京進出の提案書が承認されたのです。

東京のエステ攻略のアプローチシナリオ

東京都だけでも、１０００店を超すエステがありました。市場規模の十分さと、市場ニーズが確認され、東京進出の前哨戦としての試し営業をやることが決ました。

しかしA社は、メーカーに徹していたので営業部隊を持っていません。当然、専任の営業スタッフはいないし、営業販促用のパンフレット、資料、営業ツール、営業活動を管理する営業管理フォームもありませんでした。

そこで営業代行会社は、この試し営業を開始するにあたり、自社の事務所の独立スペース（小会議室）を貸し、机、椅5セットを用意しました。もちろんわずかですが、事務スペースの貸借料は請求しました。

後は営業スタッフの確保です。

試し営業の実施です。１００％の成功が約束されているわけではありません。

事業活動、営業活動は、すべて未来に対する挑戦です。多少のリスクは将来への事業投資と割り切り済み。とはいえ、このためだけに正社員を採用するのはA社にとって大きなリスクでした。

東京に営業プロジェクト発足

営業代行会社は、A社と協議し業務委託契約を結ぶ際に、募集活動で集めるプロジェクトリーダー1名、営業スタッフ3名、事務処理スタッフ1名の合計5名のメンバー経費を営業代行受託費用にもり込みました。さらに、営業指導をする営業代行会社の営業スタッフを、営業アドバイザーとして1名参加させました。

営業代行の営業アドバイザーの役割

この営業アドバイザーが実質この営業代行のＳＶ（現場責任者）です。

試し営業は、ターゲットである１０００店舗エステの10％に相当する１００社を目標受注件数としました。営業アドバイザーはプレッシャーの中、柔軟な思考と同行営業による臨機応変の現場営業を実行しました。

そして、仮説の売り方を、リアリティのある実践的な売り方に進化させたのです。

現場プロジェクトに貼りついた営業アドバイザーは、ある面このプロジェクトのコンサルティングをすることになります。が、世に言うマーケティング・コンサルタントとは大きく違います。

一般的なマーケティング・コンサルタントは、依頼先の営業部の活動実態、営業戦術の妥当性などを間接的に分析し、ある程度の仮説をもとに新しい売り方を提示します。

しかし、このコンサルティング手法の決定的な弱点は、その営業活動の結果に責任を持たないことです。あくまで営業活動は、依頼先の営業スタッフがやります。

その結果、うまく成果が出ない場合は、依頼先営業スタッフ、営業幹部を含めた依頼先営業部に原因を押しつけます。コンサルタントの指導した売り方は正しく、その責任はないのです。

なぜなら、成果が出ないのはコンサルタントの立場から言えば、お客さんの側に自分が処方した勝ちの売り方を実行できるまでの能力がなかったまでの話なのです。

つまり、当方には責任はないという理屈。その結果、依頼会社はコンサルタントに営業社員研修、営業幹部研修という社員の能力開発という名目のもと、長い時間とそれに比例する研修料を請求されるはめになるのです。

コンサルタントは、実践営業の営業実績と成果数値に責任をもちません。

話が少しそれてしまいましたが、それに引きかえ営業代行会社の現場責任者は、真正面から取組み、試行錯誤しながら必死に成果が出るよう創意工夫をします。

そして、逃げることなく責任をとります。自らが実践しているので、逃げようにも逃げられないのです。

もちろん人間がやっていることなので、すべて完璧に数値目標を達成するとは言い切れませんが。

しかし、目標に向かっての意志の伝わる実績は出します。

試し営業からスタートして、1年後東京に営業所を開設

A社の試し営業はこんなステップを踏んで、営業体制をととのえ、東京のど真ん中、市ケ谷に拠点をおいてスタートしました。

営業3ケ月目にはエステサロンからの引合いも数多く上がってきました。

見込件数が増えてくれば、それにともないＯＥＭの受注件数がとれるようになります。半年後にはターゲットをスポーツクラブにも拡大し、エリアも神奈川エリアまで範囲を広げました。

活動数値としては、リストにもとづく飛び込み訪問で有効訪問件数が6・2件／日、有効訪問率68・9％、有効訪問受注率３・２％、受注件数4件／人月でした。

その後1年間におよんだ試し営業のプロジェクトは、十分な新規顧客を開拓し終了しました。

そして、Ａ社はその新規顧客のメンテナンスと、さらなる新規開拓のために念願の東京営業所を開設しました。プロジェクトで活躍した営業スタッフは、Ａ社の正社員として移籍しました。

健康酢会社の試し営業は、閉塞した事業をある兆しをきっかけに事業拡大をはたした事例です。

営業部創設のための試し営業でもあった

しかも、営業部立上げのための「営業部創設のための試し営業」でもありました。

現在、地方に数多くメーカーのみならず、各種サービス会社があります。

これらの企業は東京進出の機会をうかがい、東京進出の事業案を温めているはずです。

同時に、資金の問題だけでなく、人材や活動拠点の確保、営業展開のための営業戦術の策定などいろいろな各種制約、課題をかかえているはずです。

このような企業の課題解決をするのも営業代行です。地方にあるがゆえの自社の強みを反映させた商品・サービスをひっさげて、ぜひ東京マーケットに進出して欲しいものです。

【図表３　地方企業の東京への進出サポート事例】

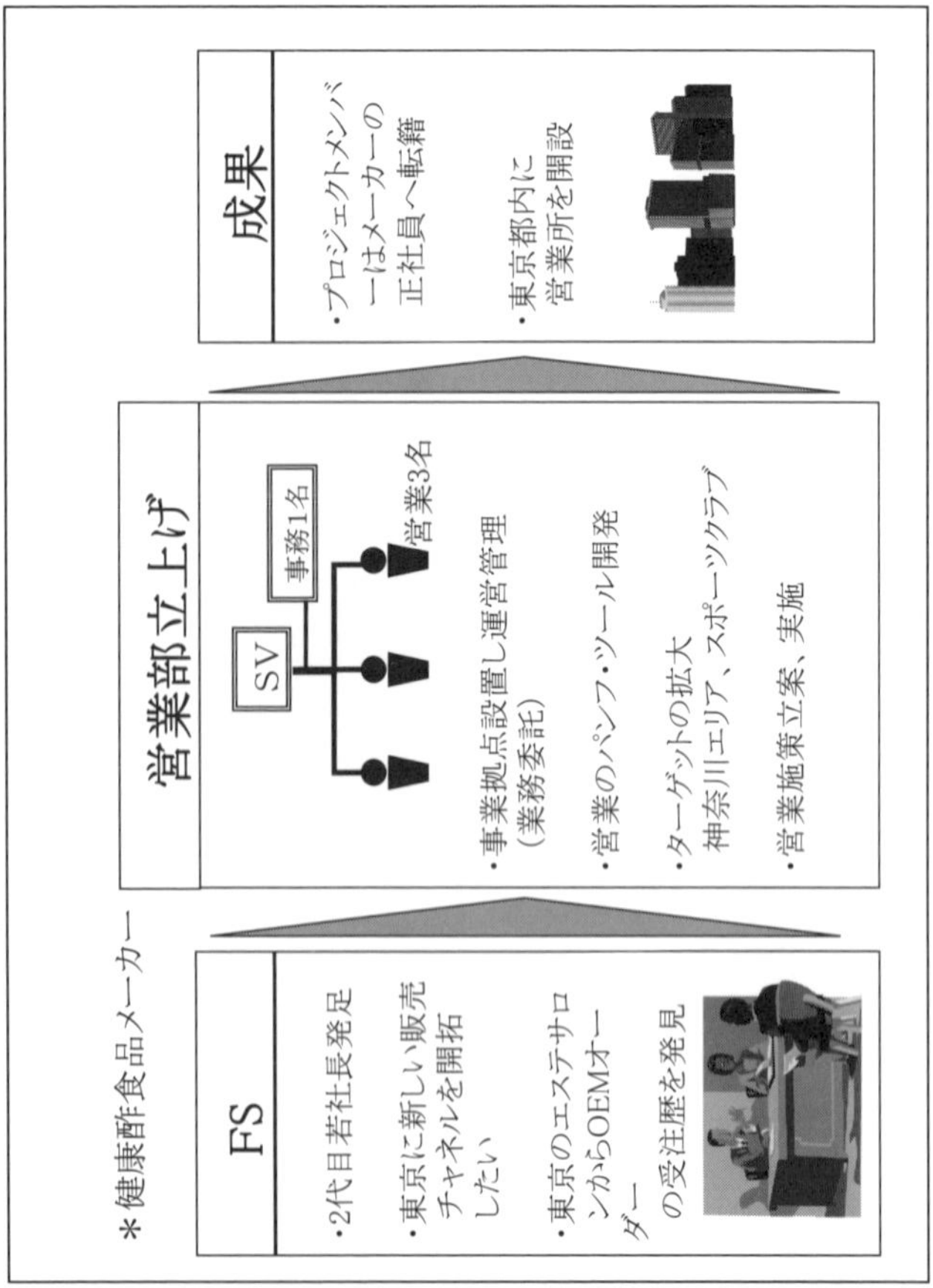
＊健康酢食品メーカー
FS
・2代目若社長発足
・東京に新しい販売チャネルを開拓したい
・東京のエステサロンからOEMオーダーの受注歴を発見
営業部立上げ
SV
事務1名
営業3名
・事業拠点設置し運営管理（業務委託）
・営業のパンフ・ツール開発
・ターゲットの拡大
神奈川エリア、スポーツクラブ
・営業施策立案、実施
成果
・プロジェクトメンバーはメーカーの正社員へ転籍
・東京都内に営業所を開設

3 【事例】新規加入者の獲得営業

拡販不振を相談される

ある医療団体から年金基金の拡販不振を相談されました。

営業ターゲット（営業の対象者）はこの医療団体の登録会員です。リストは用意されていました。

この団体はすでに外部組織に営業を委託し、新規の基金加入者の拡販をすすめていました。

しかし、結果として成果が出てこなくて、何か良い方法はないものかと検討していました。そこで営業代行の営業スタッフが、問診をとおして現況を整理しました。試し営業のファーストステップのＦＳを実施したのです。さらに実態を把握するために、数週間、見込み客リストの会員を訪問営業しました。その後、何回かの問診をすることによって、問題点が浮かび上がってきました。

見込み客を見つける会社と、クロージングする会社が別々

実態はこうでした。営業活動をテレフォンマーケティング会社（テレマ会社）と、保険会社の2社に委託していました。見込客を見つける会社はテレマ会社で、会員リストにもとづいて年金基金への加入意志を電話で確認していました。そこで加入に関心のある人は、電話オペレーターがリストアップして保険会社へ渡していました。

保険会社は医療団体からクロージング（契約獲得）を委託されており、この見込客リストにもとづいて訪問営業を実施していたのです。

しかし、成果はでませんでした。

お互いの言い分

保険会社の営業スタッフは言いました。

「このリストは見込客リストなんてもんじゃない！　こんなリストで訪問してもムダだ！　成果が出ないのは、こんなリストをつくったテレマ会社のせいだ！」

この保険会社の発言を聞くと、テレマ会社の電話オペレーター達は、

「何言ってんのよー！　営業能力のなさを棚にあげて、よく言うわ！　私達は電話ではっきり、基金加入に関心があるということを確認してリスト化しているのにー！」

と大反発しました。

問題には必ず解決ポイントがある

もちろん両者の話は平行線をたどり、折り合うことはありませんでした。

ここでのポイントは、営業活動の基本である情報の一元化です。

営業活動の情報は1つの部署に統合されなければ、情報はパワーを生みません。同一の営業管理

下にその情報が集約されてこそ、情報が戦術的に活かされるのです。

できればテレマ活動もクロージング活動も、同じ営業体でやるのがベストです。

営業スタッフのリストに対する注文も、電話オペレーターにフェース・トゥ・フェースで伝えることができます。

電話オペレーターも、営業スタッフの要請に対して誤解と感情に流されることなく、見込み客の基準をはっきりさせることができます。これにより電話オペレーターと営業スタッフが、共通の目標〝成果を出す〟という方向にベクトルを合わせられるのです。改善改良の意見、提案に対しても、即座にすり合わせることができます。

後日、そんな背景のもと営業代行スタッフは、医療団体に次のような問題解決の提案をしました。それは営業代行会社の中に、小規模なテレマチームとクロージングチームを併設した営業プロジェクトを立ち上げる案です。

この提案はすみやかに承認され、営業代行プロジェクトが編成されました。成果についてはもちろん語るべくもなくいいものでした。

売上が伸びない状況はそれなりの原因をかかえています。そして、解決策も聞いてしまえばもっともだと思われる方法で解決されています。しかしこの解決策を導き出したのは、実際に試し営業やＦＳをやったから見えてきたことなのです。やらなければ、間違いなく解決策がわからないまま混乱が続いていたはずです。解決策を見つけることに手間を惜しんではいけません。

4　新商品・サービスを発売するときに試し営業

新しい売り方を検証しよう

新商品には新しい売り方が必要です。

すでに仮説の売り方案があるのであれば、その有効性を試し営業で検証しよう。

試し営業をするのは、営業の世界だけではありません。

物づくりの業界においても、市販完成品をつくる前に試作品（プロトタイプ）をつくることは常識です。試作品をつくって設計図で見えなかった欠陥個所を見つけて改良するのです。物づくりではこのプロセスが当然盛り込まれています。

しかし、営業では意外に実行されていません。

なぜなら日常の営業活動は、今までなれ親しんだ売り方にどっぷり浸かり、新しい売り方を取り入れることに生理的に抵抗感があるのです。これではだめでしょう。組織の発展もなければ、働く仲間達のモチベーションアップにもつながらないのです。

外部の営業代行を使うことは、こういう事実を改革するきっかけになります。

特に新商品・新サービスを発売する際、重要なのは直1年の売り方の設計です。

そのために仮説の売り方を試し営業で検証し、鮮烈で有効な売り方を見つけるのです。

しかも同業他社が今までと同じ売り方に固執して、業績低迷を外部の市場環境に転嫁しているうちに打って出るのです。これは、孫子の兵法「先手必勝」の理を実践することにも通じます。

外資の医療機器メーカーの売り方発見のための試し営業

このメーカーは特殊な繊維構造をもった新フィルターを新発売しようとしていました。

その際、この商品のニーズ調査と用途開発のための情報収集を兼ねて試し営業を実施しました。

ここで集めた市場情報は、後日メーカー営業部がターゲットとしている医療機関に対する売り方の設計資料として活用されました。

営業代行スタッフの訪問先はもちろん医療機関でした。

医療機関は指定リストにもとづき､アポイントを取って訪問しました。そこでの営業は、アンケート形式の情報収集と新商品のＰＲでした。直接訪問の良さは面と向かっているので、面談者の商品に対する関心度合いがはっきりわかることです。

見込み客の絞り込みにもなります。

この試し営業は、６人の営業代行スタッフで4カ月実行しました。

その後の、営業フォローはメーカー営業が引き継ぎました。

メーカー営業部は新規活動に先立ち、外部の営業代行部隊を使って売り方発見のための試し営業をしたのです。

5　売り方は営業現場から吸い上げよう

新しさのニーズ原点は現場にある

新しい作戦が成功するときは、必ずそこには〝なるほど〟と納得せざるを得ない〝わけ〟があります。そして、その〝わけ〟の出どころを捜すと、そこには必ず営業現場や店頭があります。市場にさらされた商取引の営業現場、生活者との直接接点である店頭です。

現場は、現場にあった新しいセールスモデルや売り方を生み出しています。その新しさが、消費者の欲しがるものに答えているのです。ですからお客さんは喜ぶのです。

消費者が欲しがっているものを知って、その提供の仕方を見つければ成功間違いなしです。しかし、それがわかれば苦労はありません。確かに〝お答えいたします〟という具合に安易に答えが見つかるものではありません。ですから、試行錯誤のアクションが必要になるのです。立ち止まって考えればわかることです。

新しい売り方は、企業の営業現場に眠っている

そもそも営業部の皆さんは、自社の商品・サービスについて熟知しているプロフェッショナルです。特に営業中堅幹部の内3～4名は間違いなく、自社の商品・サービスついて、今まで実行したことはないが〝こうすればもっと売れるかもしれない〟という仮説を数案持っているはずです。新しい作戦、売り方案をつくる際には、企業の営業現場から吸い上げるといいのです。

常日頃から優秀と思われる数人の営業中堅幹部から、考え温めている売り方を吸い上げるのです。作戦を考え出せる能力は、個人が本来的に持っている個性のようなものです。誰にもその能力が備わっているわけではありません。また努力で身に付くというものでもありません。それを白日のもと、まさに実践という荒波にさらして、その有効性を検証してみてはどうでしょう。必ず勝利につながる〝何か〟が見つかるはずです。新しい売り方につながるヒントが見つかるはずです。

販管費は直接、営業現場へ投入

すでに21世紀。仮説の売り方案ができれば、販管費は従来のような間接的な販促活動に使わないのです。直接、市場に投資してその効果を問うたらどうでしょう。

マスメディアを使った間接的な販促活動はその後です。

売上案の吸い上げは、人材発掘につながる

また、この営業メンバーからの売り方案の吸い上げは、営業部内の有能な人材発掘につながります。これは営業個々人の自発性に火をつけ、営業部全体のイノベーションのきっかけにもなります。

営業の机上の仮説は、生のマーケットにさらされて初めてその効力、効用があぶり出されるのです。消費者が待ち望んでいる商品・サービスの開発ヒントや、画期的な営業手法の発見・発掘につながるかもしれません。

しかし、誰も声をあげない

だが、どの企業も実行できないでいます。社員から声が上がらないからです。

なぜなら、案はあっても自分1人では実行できないからです。もっと正直に言えば、自分1人ではやりたくないからです。

営業幹部としての視点に立てば、社員営業部隊に仮説の試し営業をやらせるわけにはいかないのです。もちろんできないことはありませんが、実際にやらせれば、社員営業スタッフが日々実行しているルーティンの営業活動をストップさせてしまいかねないのです。既存顧客のメンテナンス活動を止めて、既存売上を落とすことにつながりかねません。

それではと、現状の営業戦力で、今までのルーティン営業と試し営業を並列に推進できないものかと考えると。これも容易に予想がつくように、営業スタッフに不当な負荷をかけるだけで、うまくいきません。〝二兎を追うもの、一兎も得ず〟の諺にあるように両方失敗する可能性すらあります。戦力の分散は、往々にしてうまくいかないものです。

むしろ、戦いに勝つためには、資源投入、戦力をどう集中させるかが重要です。弱小営業部の場合、どうしても営業スタッフ増強のための資金条件が伴いません。ともすれば精神論、根性論におちいってしまいます。しかし、戦いは戦力の大きさと、戦線を維持する資金力がどうしても必要です。これは戦いに勝つための冷厳な事実です。

それでも解決方法はある

話がそれてしまいましたが、とにかく、自分がやるということになれば〝できない〟〝やれない〟〝やりたくない〟ということになります。沈黙か否定的な意見がトラックの荷台一杯にあふれんばかりに出てくるはずです。しかし、いっぽう間違いなく企業の営業現場に素晴らしい売り方案が眠っていることも事実です。これこそが営業部の宝です。ぜひ発掘して欲しいものです。

この課題を解決する方法は、案を出す人と案を実行する人は別にすることです。これを前提にアイデアを出してもらいます。それと、その売り方案の実行部隊は社内メンバーではなく、外部の営業代行部隊を使うと事前に表明しておく必要があります。あくまで実践的な案の吸い上げに焦点を絞り込むのです。この仮説の売り方案をたたき台にして、新しい売り方を創りだすのです。

ルーティン営業とは別に、営業代行で試し営業をする

日々の営業ルーティン活動とは別に、営業代行による試し営業を実施し、仮説の売り方案を検証します。仮説の売り方案を実行することにより実践的な売り方を再設計するのです。

これは、複眼的視点での検証にもなります。

6　広告宣伝は試し営業の後に

新商品を開発したものの売り方わからず

法人をターゲットにして、あるメーカーに依頼され地図専用PCの拡販営業をしたことがあります。今では普通が、住所入力で地図上に位置がわかるノート型の専用PCでした。当時は市場に先駆けた先端機器でした。

地図専用PCは、新商品ゆえの壁にぶち当たっていました。新商品は出したが、それを販売する営業部隊がなかったのです。

当時、メーカーの営業部はいろいろな要素が絡まり、既存商品の営業対応で手一杯だったのです。新商品は発売したものの、新商品に営業戦力をさけなかったのです。そんな状況なので拡販のための新商品コンセプトもできていませんでした。

営業活動には、そんなこともたまにあります。

そこで、営業代行会社に声がかかったのです。営業代行プロジェクトが組まれ、試し営業を開始することになりました。

実験エリアは東京の指定エリアで、リーダーを含め5人の営業代行スタッフで開始することになりました。期間は半年間でした。

もちろんマス媒体を使った広告宣伝の後押しはありません。

そんなわけで営業スタッフは有効な売り方がわからず、営業活動は苦戦を強いられました。プロジェクトはリーダーを中心に、ＰＤＣＡの営業手法、セールストークなど、一から組み立てました。

商品は基本的に地図です。当時ほとんどの企業は紙の地図帳を使っていました。しかも紙の地図はどの企業も持っていました。

しかし、マーケットはＰＣ地図の利便性に気づいていませんでした。

これは裏を返せば、ほとんどの企業はターゲットということです。

この新商品はお客さんにとって、すぐには受け入れがたいが、わかりやすい商品でした。

営業代行スタッフは、晩秋の木枯らし吹く寒い中訪問件数を増やしました。1日20件以上は飛込み訪問をしました。営業スタッフは根気強く新商品のメリット、利便性を紹介して回りました。

営業はやってみなければわからない部分がたくさんある

10月からスタートして、販売成果が不調のまま最終月の翌年3月を迎えました。そんなことからこの試し営業は不調に終わることが確定的でした。

しかし、結果は違いました。

3月に入り一気に１３０台を上回る注文が来ました。この時期はほとんどの企業が、期末決算の時期で戦略経費としてストックしていた予算を消化する時期だったのです。

訪問済み企業が、この戦略予算消化で地図専用PCを買ってくれたのです。

訪問営業によりトレンド先読みのこの商品価値を理解していたお客さんが、時期を待って一斉に声を上げてくれたのです。

営業はゴルフと同じで、最後の最後まで何が起こるかわかりません。

仮説コンセプトは本当に正しいか

このような営業代行ケースもありますが、新商品・サービス発売時は、事前に、計画的に仮説の売り方の有効性を検証する試し営業をやるものです。

このケースは違いますが、たまに新商品・サービスをマーケットに投入するとき、試し営業をすることなく、それに先立って広告宣伝をすることがあります。

この広告宣伝は、商品開発時の仮説コンセプトを前提につくるため、実際の販売ではターゲットに対しセールスポイントが的外れになることがあります。これは新商品・サービス発売時に起こる、仮説コンセプトによる落とし穴です。

結果、広告宣伝費をどぶに捨てることになるのです。

広告会社のための広告宣伝費であっては意味をなしません。

できればこのリスクを少なくし、成果増大に結びつける施策をとるべきです。売り出してみなければわからないでは、余りにも非科学的で経費がかかりすぎます。

ここではまず試し営業の実施が必要です。仮説の売り方を検証する試し営業が必要です。

同業他社にスキをつくるな

有効な仮説の売り方をつくって、広告宣伝を含む本格投資をしなければ、時間と資金を無駄にしてしまいます。

マーケットには同業種の競合他社がひしめいています。新商品・サービスを発売するとき、今までと同様の売り方をしていたのでは新しい価値は打ち出せません。

また同業他社にスキをつくってしまいます。

後発同業者の類似商品・サービスは、先発商品からヒントを得てそれ以上のものをつくり、売り方も勝ったものを投入する可能性があります。

先行企業の失敗を他山の石として、販売手法においてもポイントをついたインパクトのある手法を繰り出してくるかもしれません。

販売促進費、広告宣伝費を有効に使い、安易に同業者を参入させないためにも、試し営業は必要なプロセスです。

さらには、新商品・サービスの拡販は最初のスタート時が肝腎です。

ここぞという時期だけ兵力を増強したいとき、営業代行の活用は極めて有効です。

新商品・サービスが出るたびに、正社員営業スタッフを増やしたのでは、経営は成り立ちません。

7 【事例】新規の販売チャネル開拓

新商品は新規の販売チャネルが必要

メーカーは、新商品として従来と違った塗装剤を開発しました。

メーカーの主力商品は風呂場の水回り機器です。

水回りの塗装の技術研究が、新しい塗料剤の開発につながったのです。新塗装剤の特色はこれを塗っておくと、水がかかったときに表面の汚れが落ちるという製品でした。

そこで積極的にこの新商品を拡販しようとしたのですが、問題がありました。このメーカーは水回り機器の販売チャネルは持っていますが、塗料拡販のルートはありませんでした。

ターゲットは新商品の塗料を販売する、カー用品店、塗装屋さん、板金屋さん、自動車の修理工場などの新規の販売チャネルです。これを新規に開拓する必要がありました。

「さて困った！　が、そうはいっても現状の営業メンバーにやってもらうしかないじゃないか」という意見も出たでしょう。

しかし、結果賢明な選択をされました。

営業代行を使うことにしたのです。

新商品は新規営業部隊が必要

現状、売上を支える既存顧客のメンテナンスしている社員営業スタッフを、新規チャネル開拓に投入するにはリスクが大きすぎるのです。

新規チャネル開拓の対象領域は全国全域でした。

メーカーの営業本部は、最初の仕掛けとして全国チェーンの大手カー用品店と販売に関する業務提携を結びました。

営業代行のターゲットは、その川下の塗装屋さん、板金屋さん、自動車修理工場などです。これらの業者情報は、提携先の地域のカー用品店から聞き出しました。

営業活動は塗装屋さん、板金屋さんを訪問して加盟店契約をとることです。さらには加盟店を通じて個人の自動車保有者にまで拡販しました。

この事例の場合は、営業戦略に相当する営業の仕掛け、グランドデザインはメーカーの事業本部が設計しました。全国にまたがる大規模な作戦であるので、極めて緻密な計画がつくられました。

やはり大手企業には有能な人材がいるものです。

売り方の進化は、現場のＰＤＣＡから生まれる

この営業代行プロジェクト本部は、東京に設置し、統括ＳＶが全国をマネジメントしました。

統括ＳＶは成果をあげた現場の営業手法の情報収集と、各現場へのノウハウのフィードバックに

集中しました。

今回は試し営業と実践を並走させ、ＰＤＣＡを回しながら売り方を進化させたのです。特に、立上げ2か月目ぐらいまでは、最初に設計された仮説の売り方の改良、改善の繰り返しでした。

しかし、実践は机上の空論ではありません。

答えは毎日現場で頑張っている、営業スタッフの日報の中にありました。

日報をデータ化し、分析、意をくみ取ると有効な売り方が浮かび上がってきました。

加盟店契約獲得の複数の成功モデルを比較分析すると、数種類の成功パターンが営業プロセスの中に見えてきたのです。

この情報は逐次、全国の営業拠点に有効な売り方として情報発信されました。

実際の営業活動は訪問先がピンポイント立地のため、レンタカーを使った直行、直帰の勤務形態でやらざるをえませんでした。

営業代行スタッフは60～70名。

当然、営業スタッフの稼働時間はプロジェクト本部で管理しました。

営業活動の数値については、この事例では出しません。

読者にとって数値は関心のある要素でしょうが、公表するかどうかはケースバイケースで判断します。

営業代行の期間は、ターゲットが多いということもあり、1年近く続きました。

8 【事例】東北の木工製品の用途開発

捨てていた灌木剤の有効活用

「うちの商品の販売チャネルを、開拓してもらいたいんだけど、あんたんとこでできるの？」という問合せがありました。

話を聞くと、東北、宮城県の木工製品メーカーからの電話でした。

この会社は、林業を営んでおり、伐採した灌木材を有効活用してゴルフのピン、木工製品、木皿などに商品化していました。

しかも東京マーケットでの販売チャネルを開拓してもらいたいという依頼でした。

さらに東京にあったアンテナショップに訪問して、詳しく話をうかがうと（ＦＳ）、まず木皿に特化して販路開拓をしたいということでした。

木皿の販路開拓からスタート

ＦＳをすることにより、最初の問合せの〝木工製品全般の販売チャネルの開拓〟というよりは、「木皿に絞り込んだ販路開拓」をしてほしいという案件内容であることがわかりました。

しかも、木皿を強化商品、新商品として位置づけたいので、商品開発のための情報収集もしてほしいという意図も読めました。

木皿は灌木を薄くスライスし、何枚かを貼り合せ、熱プレスでお皿に成形したものです。

大きさは10センチ、20センチの円形のものから、楕円形、四角いものなど様々な種類があります。

そこで、まず販路開拓を目的としながらも、木皿の商品訴求力がどれだけあるかを、マーケティングリサーチする必要がありました。

木皿の用途開発のための情報収集へシフト

そんなわけで、この試し営業はマーケティングリサーチを実施し、木皿の商品訴求力のポテンシャリティ（可能性）を調査することにしました。

もし、その商品価値に市場ニーズがあると検証されれば、営業代行強化のための人員の増強も検討しようということにもなりました。

当初のプロジェクトメンバーは、リーダーを含め5人の営業スタッフで構成されました。

期間は3ヶ月間に設定。

メンバーは用途開発を念頭におきデパート、ホームセンター、ショッピングセンター、園芸センターなど、商品導入の可能性のあるターゲットに飛び込み訪問と、一部電話によるアポイント訪問を繰り返しました。

問題続出

スーパーのお肉屋さんでは、高級牛肉のトレイとしてはどうかというアドバイスをもらい実際に使用してもらいました。

しかし、肉汁が木面全体に染み込み実用に耐えないことがわかりました。

園芸店でも鉢植えを木皿にのせると見栄えはいいが、水を注入すると水もれを起こし、飾っておけないなどの欠陥が指摘されました。用途開発の提案によって、商品の多様性が発見されるとともに、商品の改良課題も一気に吹き出しました。

その都度プロジェクトメンバーは、依頼先に報告し改良依頼を要請しました。水漏れは表面のコーティングや、接着剤の改良によって改善されました。

しかし一番の難問は商品単価でした。

市場には、プラスティックや塩化ビニール素材の食品用容器が安価で大量に出回っており、到底たちうちできる状況ではありません。

木皿に天然素材の良さという付加価値をつけ採算のあう価格で売り出すには、まだまだ開発期間が必要でした。

早急な事業化を見直し

結局、この試し営業をやったことにより、この木工製品メーカーは木皿の早急な事業化を見直すことになりました。多額の事業投資、人的増強をすることなく、試し営業という低コストで現実的な対応と選択ができたのです。

試し営業をやることによって単価の問題、製品の改良課題、販売チャネルの木皿に対する要望、セールスポイント、用途開発のアドバイスなど、いろいろな切り口の情報があぶりだされました。

そして結論としては、一旦時間をとって分析、検討しようということになったのです。

木皿は潜在的なポテンシャリティは持っていますが、まだ改良すべき課題を抱えた未完成な商品であることがわかったのです。

木工製品メーカーは、約1000件の試し営業の活動情報によって、大きなリスクを抱え込むことなく事業戦略、販売戦略の見直しをすることができました。

このケースは灌木剤を有効活用し、新商品として売り出したかったのです。

このような地元の特産品を売り出したいという要望は、全国いたるところにあると思います。その際、その商品に何か新しい価値を付け加えなければなりません。今までになかった珍しさ、おもしろさ、便利さ、新鮮さがあって、それにご当地ゆえの安心感のあるローカル性が加わると、一気に付加価値を生みだして市場に受け入れてもらえるかもしれません。

地元にしかない宝物を、どう市場に受け入れてもらえるように加工、演出するかは、机に座っていては妄想で終わります。マーケットに直接聞かなければわかりません。マーケットは今生きている人がどんな商品を欲しがっているかだけでなく、売り出す時期、演出方法も教えてくれます。

9　マーケティングリサーチをやるときに試し営業

調査の目的は明確に

調査は調査を実施する前に、何を明らかにしたいか、調査の目的、テーマが設定されます。

たとえば、新商品を開発しようとしているが、その需要見込はどの程度あるのか。

新商品を発表したが、消費者の満足度はどうか。

消費者はどうしてこの商品を購入したのか。

この商品のマーケットシェアはどのくらいか。

このようにマーケティングリサーチは、調査の目的がはっきりしています。

一般的に調査の方法は大きく分けて2通りの方法があります。

定量調査

定量調査はアンケート調査など量的なサンプルから数字の結果を出す調査です。

順位、シェア率、構成比などの仮説検証のために実施します。

調査のため直接訪問をした場合、有効訪問率はリサーチ先が個人宅の場合、20～30％です。

リサーチ対象がリスト化され、指定エリアに集中しているピンポイント訪問であれば、訪問件数は1日に50件ぐらいまわれます。

他に調査方法は、直接訪問でない電話やインターネットによるリサーチもあります。

定量調査

定性調査はインタビューなどで新商品についてのイメージ、問題点などを聞き出して、その情報を分析する調査です。

商品購入時の心理状態や行動意識を言葉で収集して、分析結果も言葉で表現する調査方法です。調査結果はより良い商品開発に応用できるし、消費行動につながる仮説発見にもつながります。

マーケティングリサーチの調査結果は、委託会社に報告書として提出します。

ミステリーショッパー（覆面調査）

他にモバイルショップやコンビニエンス・ストア、アパレル系のチェーン店舗などでは、ミステリーショッパーという調査をやることがあります。

普通、1店舗に2名の調査スタッフが調査することを伝えず訪問して、店舗の接客態度、コミュニケーション力、説明力、商品知識力、提案力、店舗評価、清掃・整理状態、店舗の立地条件など様々な角度からチェックし、後で店舗改善、社員教育に反映させます。

調査項目は調査の内容にもよりますが、20～40項目です。

調査項目にはそれぞれ4～5個の選択肢がついて、選択肢を選ぶ基準となるチェックポイントも設定されています。たとえば、接客中の表情についてのチェックポイントは〝笑顔で接客しているか、事務的に接していないか〟などです。これを基準に明るい表情から暗い表情までを5つの表情の選択肢に分けて評価するようなしくみになっています。

ミステリーショッパーはこのように店舗を外から内まで細かく観察して、チェックシートに書き込みます。しかも一般客をよそおって具体的に商品機能を聞いたり、料金プランについて他社との比較で優位性を強調できているか、など突っ込んだ質問を投げかけます。

このことから覆面調査とも呼ばれます。調査は定量、定性調査の2つの要素が含まれています。北海道のモバイルショップ１００店舗の、ミステリーショッパーをやったことがあります。

実施期間は1ヶ月でした。

ただ北海道は広いため、移動に時間と経費がかかりました。札幌市内はマイカーで移動し、市外は飛行機、電車、レンタカーと乗り継いで移動しました。

最後は調査項目を報告書にまとめ、依頼企業で報告発表会をやりました。報告会は半日をついやす経営幹部参加の会議でした。このまとめの報告書が、マーケティングリサーチの商品です。

マーケティングリサーチのポイントは、委託会社から与えられたテーマから、調査結果を予想して、どういう切り口で調査するかという調査方法の選定にあります。

そして、調査したデータを検証、分析しどんな内容にまとめて報告するかにかかっています。

10　【事例】全国ペットショップの実態調査

全国規模のマーケティング戦略策定のため

これは、ペットフードメーカーが売上増大に伴って実施したマーケティングリサーチです。

ペットブームの広がりとともに、ペットフード取扱店も急速に増えました。

そこで全国のペットショップの実態を、営業代行業者を使ってリサーチすることにしたのです。

店舗の優良度ランク分けや、自社の商品の強いエリア、弱いエリアを把握するための情報収集でもありました。

全国の５０００店舗をリストアップし、直行直帰で飛び込み訪問しました。

そして店舗ごとの取扱商品の確認、さらにはメーカーへの要望事項なども収集しました。

この活動は直接訪問することにより、ペットフードメーカーの企業イメージアップにもなりました。

直接訪問によるＰＲという強みを活かす

自社商品取扱い済みの店舗には、販促品を配布しました。

また調査スタッフの撮った店舗の外観写真は、訪問証明になるとともに店舗イメージの情報取集になりました。

調査スタッフは全国、同時期、短期間の一斉実施ということで総勢50名になりました。

調査スタッフは毎日指定店舗を訪問し、活動日報とヒャリングシートをＳＶに提出しました。

全体を取りしきるＳＶは、訪問進捗状況を確認し、日々の活動日報とヒヤリングシートをまとめ、定期的にペットフードメーカーに報告しました。

このコミュニケーションをとおして進行中の改善事項、実験案件がタイムリーに、現場の調査スタッフに反映されました。まさに経営サイクル・ＰＤＣＡが順調に循環したのです。

そして、対象全店舗のリサーチは予定どおり1ヶ月で完了しました。

マーケティング戦略策定の判断材料

ペットフードメーカーはこれにより訪問先の全店舗をデータ化し、店舗の写真撮影などの資料から強化店舗を絞り込みました。

これらの情報は、この活動の主旨である全国規模のマーケティング戦略をつくるうえで有効な判断材料になったようです。

マーケティングリサーチは、外資にだけでなく大手企業でも毎年か数年に一度、定点調査的に実施して市場の動向や実態を調査しています。全国に拠点のある企業は、地の利をいかし精緻で正確な動態調査をし、短中期の経営方針に反映させています。

11 【事例】建設予定情報の収集調査

建築設計事務所から情報収集

ポールメーカーといわれても、にわかにはイメージがつかみにくいと思います。

この企業は字のごとく、ポール、国旗などをかかげる金属棒を専門に製造し、設置施工まで手がけているメーカーでした。ここでのリサーチは建築設計事務所を訪問して、ポールメーカーのカタログを配布し、旗ポールの需要情報を吸い上げてくることでした。

リサーチ・エリアは東京と大阪でした。訪問方法は、アポイントなしの飛び込み訪問。調査期間は半年間続きました。難点はカタログが分厚くて重いことでした。そのため持ち歩きできるカタログの冊数は限られ、訪問件数はそれに比例していました。しかし、旗ポールメーカーの訪問調査は、建築設計事務所にとって珍しいだけでなく、設計に組込むポール業者の選定対象になりました。

提案書作成のための情報源

そのためカタログをベースに話がはずみ、同業他社の訪問状況、提案内容など他者情報の収集ができました。調査結果は、ポールメーカーの営業スタッフにとって、設計事務所に提出する提案書作成のための適切な情報源になりました。

第3章　試し営業に営業代行を使う

1　こんなとき、営業代行を使う

マーケットは生き物

営業は、そのマーケットに適応するための活動です。

そのため、企業の営業活動は、商品・サービスをマーケットに浸透、適応させるために、様々な局面ごとに有効な手立てを打たなければなりません。

その手立ての1つに、企業は営業の一部を外部の営業部隊にやらせることがあります。

営業代行部隊に依頼するのです。

まさに字面そのままで、営業を代行させるのです。

営業代行会社は、委託企業の依頼にもとづいて営業部隊を編成します。

そして営業代行部隊は、委託企業の営業案件を実行し期待された成果をだします。

委託企業が営業代行を依頼するきっかけ

たとえば、次のようなときです。

・戦略商品・サービスの営業を強化したい期間中だけ、営業スタッフを大幅に増やしたい。

・現状の販売先だけではビジネスの拡大は無理なので、新しい販売先を新規開拓したい。

・都合のいい話で固定費、人件費を増やさず、一時的なタイミングに営業を大量増員したい。
・既存商品・サービスが販売不振なので、売り方を見直し、新しい売り方を見つけたい。
・新商品・新サービスが近じか販売予定されているが、まだ売り方が決まっていない。
・新規事業や新商品・サービスの試し営業をやってみたい。

などなど営業活動には、ルーティンの活動とは違った動きをとりたい時期があります。

まさに、そんなときが営業代行の出番です。突然提起されるこんな課題解決に、営業代行会社は委託企業と綿密なすり合わせをします。

当然、機密保持契約書を交わして、売り方を検討することになります。

依頼企業の売り方に自社の運営ノウハウを加味した、実践的な売り方も提案します。ケースによっては、委託企業は成果目標数値だけを明示し、それを達成するための売り方については、営業代行会社に一任することもあります。

営業代行の売り方が決まれば、双方で業務委託契約書を交わして営業代行プロジェクトがスタートすることになります。

それでは、まず営業代行が始まったきっかけについて簡単にお話し、具体的な進め方については、次項の４つの営業代行の活用方法で詳しく説明します。

【図表４　こんなとき、営業代行を使う】

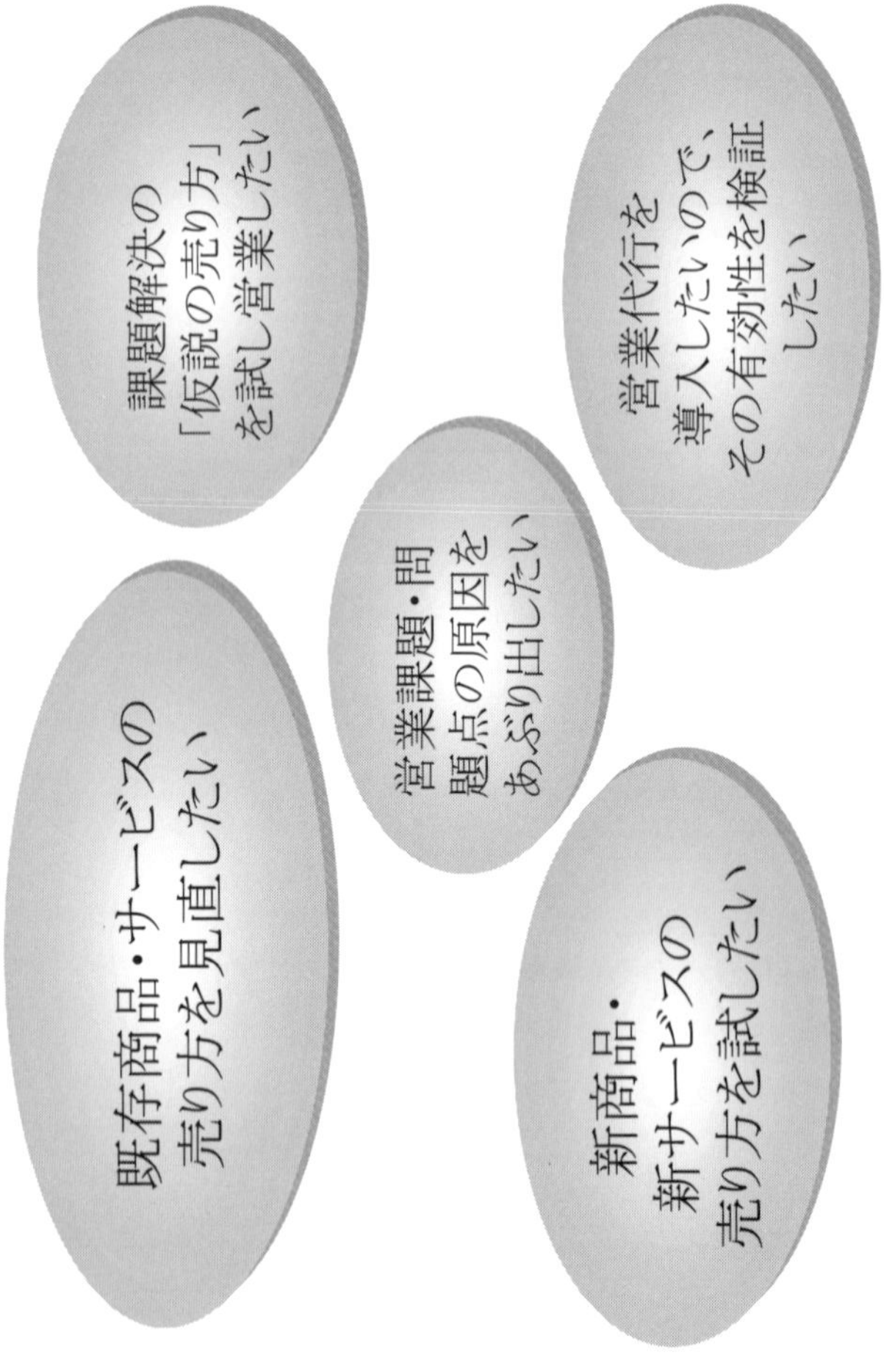
課題解決の
「仮説の売り方」
を試し営業したい
営業代行を
導入したいので、
その有効性を検証
したい
営業課題・問
題点の原因を
あぶり出したい
既存商品・サービスの
売り方を見直したい
新商品・
新サービスの
売り方を試したい

2　営業代行が始まったきっかけ

営業代行が日本のビジネス市場に広まった2つのきっかけ

１つは１９９９年に労働者派遣法が規制緩和され、「対象業務の原則自由化」が施行されたことが一因です。これにより、営業職の派遣が可能になり、営業活動の業務受託に発展していきました。（労働者派遣法は、１９８６年に施行されました。最初、派遣の適用対象業務は13業務に限定されてスタートしました。その後適用対象業務は26業務に拡大していますが、現在も定期的に見直し、改定が行われています）

２つ目は、２００１年より電話通信会社間で登録加入者の獲得をめぐって、激しい加入競争が全国各地で繰り広げられたことが大きなきっかけとなりました。いわゆる「マイライン」サービスという、事前に利用する電話会社を登録することによって、その電話会社の識別番号をダイヤルすることなく通話できる電話会社選択サービスが実施されることになったのです。

通信回線の獲得競争で大量の営業代行が発足

通信会社各社は、固定電話の通信回線加入をめぐって新規のお客さんの加入獲得を競い合いました。まさに、通信会社間の期間限定の営業ゼロサムゲーム（タイムリミットありのパイの奪い合い：

これについては後で詳しく説明します）が始まったのです。

この「マイライン」という通信回線の獲得競争に際して、各通信会社は複数の人材派遣会社に声をかけ、営業代行プロジェクトを立ち上げました。外部営業部隊を導入することによって、営業部隊の増強をはかったのです。

外部の大量の営業パワーが必要だったのです。契約形態はほとんどが業務委託でした。営業代行会社は通信会社に業務委託され営業活動を開始しました。本格的な営業代行は、この新規開拓営業から生まれたのです。プロジェクトの運営手法も、最初は手さぐりの試し営業の繰り返しでした。しかし、プロジェクトの数が増えるにつれて営業手法の精度はあがりました。

通信回線獲得向け営業代行のビジネスモデルができあがる

営業代行の立上げは、極めてスピーディに行われました。

営業代行会社は通信会社と契約を交わすと、1ヶ月以内にプロジェクト拠点となる賃貸オフィスを確保。並行してプロジェクトメンバーになる営業スタッフ20〜30名を早急に採用。

さらに、1ヶ月内に新規開拓営業の売り方設計、プロジェクト運営体制の整備、新人営業スタッフへの商品知識研修を実施しました。

この営業プロジェクトは、最初は20人くらいの小部隊からスタートしました。仮説の売り方を検証する小部隊の試し営業プロジェクトでスタートしました。

最初は、営業プロジェクトが成果を出すかどうかわかりませんでした。委託した通信会社も、成功の確率は半々と思っていたでしょう。しかし1年間限定という短期でしたが、業界の勢力図が塗り変えられかねない激しいゼロサムゲームが出現しました。

いくさはパワーが強いほうが勝つ

そこには〝万古より戦い、いくさは、パワーの強いほうが勝つ〟という確信があったのではないかと思われます。

この事実は、思考を停止させる程のインパクトを持っています。人類が動物というさがを背負い、戦いの歴史の中で膨大な血を流してたどり着いた事実でもあるからです。

太平洋戦争でアメリカの圧倒的な物量の前に押しつぶされた現実。いまだに太平洋戦争、戦いの残滓を残し、日本全国に米軍施設が１３１ヶ所（防衛省の公式ホームページ）もある現実を直視すると、戦いの本質が見えてきます。残念ながら今もって日本は、さながら米軍軍事下の占領地、植民地です。勝つためにはパワーが必要です。

いくさは決断する勇気が必要

委託通信会社は勝つための正攻法をとったのだろうと思います。

今までなかった営業代行という、新しいマーケティング手法を導入して、この正攻法を実施したのです。勇気のいった決断であったと思います。しかし、結果は冷厳にして明快に出ました。成功と。営業活動、戦い、いくさは相手のいること、机上の計画どおりにはいきません。実際に事を起こして実行してみないことには、どう化けるかわからない。このことからも、いくさをやるには決断する勇気が必要です。

営業スタッフの驚くべき状況適応力

実際に新規開拓営業プロジェクトをスタートさせてみると、大きな反応がありました。委託会社が通信会社ということもあり、ブランド力が、営業フォローの要因になりました。企業知名度があるから、営業がやりやすいのです。

しかし、それ以上に実感として驚いたのは、営業スタッフの適応力と、その有効性です。2～3日の営業研修で、通信回線知識の全くない営業スタッフに通信知識、営業方針、営業手法を指導しました。そして、委託企業の営業担当に〝なりきる〟という行動原理を示達しマーケットに送り出しました。それが1ヶ月も経たぬまに、通信回線の知識を自分のものにし委託会社の営業スタッフと同じ匂いをかもし出し始めたのです。営業スタッフは自ら実践する営業活動をとおして、複雑な商品知識を、実務の必要性から素早く自分のものにしたのです。

〝事実は小説より奇なり〟といいますが、人間という生き物のたくましさ、適応力をしみじみ感じました。

企業営業部が持つ〝うちの営業〟は特別、特殊という思いはただの幻想だ

一般的に、各企業の営業部や営業幹部は、一様に「当社の営業部は他社と違って特殊なので、第三者が入ってきてもすぐには役に立たない」とよく言います。

しかし、いろんな企業の営業代行をやっていると、特殊とか特別と思っていることがいかに幻想であり、ひとりよがりな思い込みであることがよくわかります。

特殊でもなんでもない。

営業経験者であれば、たいていの営業環境にすぐに適応します。

むしろこれまで培った異業種の営業ノウハウがあれば一企業、一ヶ所でしか営業の経験をしていない営業スタッフより、はるかに適応力と営業力を発揮します。

自社の営業環境を特殊と思っても、営業幹部が思うほど特殊ではないのです。ただ、世間の営業組織を知らないだけです。

一種のガラパコス現象に呑み込まれているのです。それと営業幹部は無意識、潜在的に自分達でつくってきた現状の営業体制を変えたくないという保身本能を持っています。

しかし21世紀は、そんな過去の成功体験は、ブチ破らないと生き残れません。

これまでの価値観は、今すぐ海に捨てなければだめです。

そして、現実の自分をとりまくリアルな事実を全面的に受けとめ、新しい売り方の発見に取り組むべきです。

通信各社の営業代行拠点は、全国で総数150拠点あった

話はそれましたが、これら一連のビジネスモデル（事業活動や営業活動のしくみ）ができると、お客様の発注ペースに合わせて営業拠点を主要都市から全国の中堅都市へと広げていきました。ビジネスモデルは徐々にその広がりの中で、地域ごとの売り方に進化していきます。

一時期、札幌から沖縄まで、通信会社各社の営業代行プロジェクトは総数130～150拠点ありました。営業代行にかかわった総人数（事務・バックヤードメンバー含む）は、4000～5000人に達する大規模なプロジェクトでした。営業代行は1拠点20～30人で始まりましたが、1年弱で十倍の200人にまで増員された拠点もありました。

そして、ゼロサムゲームのタイムオーバーとなった1年後、この「マイライン」営業代行プロジェクトは、徐々にその規模を縮小しました。

その後、営業代行は様々な業界、企業で活用されている

現在、この営業代行プロジェクトは、『マイライン』の実績を活かし、通信業界だけに限定せず、広く他業界、各企業において導入されています。

導入業界の例をあげれば、食品メーカー、地図ソフトメーカー、セキュリティ会社、自動車メーカー、製薬メーカー、クーポン会社、飲料メーカー、ケーブルテレビ会社、不動産会社、ガス会社、携帯会社、専門学校、大学など、様々な業界です。

3　営業代行で新規開拓営業をやる

新規開拓は営業の最重要ミッション

営業ミッションの1つは〝コア営業〟にあたる取引中の既存企業を守りきり、メンテナンスを通じて取引を継続することです。

既存企業には、信頼と安心にもとづいた深耕開拓を推進します。既存企業の未開拓の新規部署にアプローチし、商品・サービスをさらに売り込みます。

しかし、これだけでは企業の拡大発展は望めません。

営業部は新たに商品・サービスを売り込むために新市場、新規企業を開拓する必要があります。

新規開拓営業は大変なエネルギーを必要とします。

既存企業を守りながら、並行して新規企業の開拓をしなければならないからです。

もちろん企業の経営管理者は、社内の営業支援として営業部の活動が円滑に運営できるよう組織の再構築、人員の移動、見直しをします。

また、他企業とアライアンス（提携）を結び販売ネットワークや営業環境の広がりをつくることもあります。企業の営業部は、営業活動の攻撃態勢が整えば、当然その成果を期待されます。

これは、全社を挙げて営業環境を整備したので、結果は頼んだよと言われているのです。

営業代行導入の検討時期

このような時期が、営業代行エンジンを検討するグッドタイミングです。セールスエンジンは、他にマーケティングリサーチ、データベース、テレマーケティング、SFAなどいろいろあります。

このステージは営業のパワーアップが求められているのです。営業活動のパワーアップは、営業スタッフの増員と有効な売り方が必要です。

売り方については営業代行会社とすり合わせ、仮説の売り方からスタートします。売り方は、営業の実践の中で有効な売り方に進化させます。

営業活動の攻撃力は、営業スタッフの人数に比例します。兵器性能としての、営業力の高さを問うこともありますが、このような状況下では営業スタッフの人数の多さが一番大きな力を発揮します。

人数の多さは、訪問件数の多さに直結するのです。

訪問件数の数量は、様々な条件や属性（商品、企業知名度、ターゲットが個人か法人、都心か郊外か、季節、属人的営業力など）によって影響を受けます。

有効訪問とクロージング件数

訪問件数は、有効訪問率の高さと比例しませんが、クロージング件数（成約件数）の増加には大きく貢献します。（有効訪問とは、営業スタッフが数多くのお客さんを営業訪問する中で、直接お客さんに会って営業交渉ができた訪問のこと）

以前ケーブルテレビの加入者促進営業を、営業代行でやったことがあります。そのときの営業スタッフＡ君の活動数値があります。ターゲットは集合住宅の個人でした。彼の１日あたりの有効訪問件数はなんと82件、有効訪問率は８％。そして１ヶ月で受注契約した件数は23件。その受注確率は総訪問受注率１・５％、有効訪問受注率22・４％。

彼の新規開拓営業は、飛び込み訪問で会える確率は低かった。しかし、会えた場合のクロージング率は圧倒的に高い。それにも増して驚いたのは訪問件数の多さです。

〝大軍に戦術なし〟

この数値は極端かもしれませんが、意思を伴う活動量は、結果件数に大きく反映するのです。試し営業によってつくり出された有効な売り方を実施する際は、戦い、いくさの原則である数の優勢を確保しなければなりません。

兵の数は多いほうが優位、勝つ確率が高いのは自然の法則です。戦いの歴史が証明しています。ランチェスターの法則を引用することなく、集中効果の戦略、兵力は兵力数の二乗のパワーを揮します。営業の本質は、表面的なハイテクを駆使したおしゃれな営業ではなく、こんな愚直なところに見え隠れしています。

4　ゼロサムゲームがやってきた

通信会社のゼロサムゲーム

ゼロサムゲームが行われたのは、通信会社間で通信回線加入者の獲得をめぐっての競争でした。通信会社間の新規加入者獲得の新規開拓営業でした。ゼロサムゲームについて簡単に説明します。

２０００年度の日本国内の電話通信回線の利用者総数（当時約６０００万件）を確定数としてカウントします。その当時あった複数の通信会社は、１年間の期間限定で、この電話通信回線利用者の獲得をめぐって競争を繰り広げたのです。そのため、ユーザーはこの期間内でいずれかの通信会社に加入することとなりました。

ゼロサムゲームは、次のような前提条件があります。

たとえばA、B、Cという3つの通信会社があったとします。その際、A通信会社が加入者を１００人増やせば、利用者総数が確定しているのですから、他の通信会社は確実に加入者を減らすことになります。たとえばB通信会社は30人減、C通信会社は70人減というぐあいです。

このことから、参加者全員の増加分、減少分の総和（ＳＵＭ）がゼロ（ｚｅｒｏ）になるゲームのことをゼロサムゲームというのです。まさにタイムリミットありのパイの奪い合い合戦です。

新規開拓営業は、頻繁にゼロサムゲームの状況が出現します。

5 【事例】通信回線の新規開拓

営業代行は営業体進化のモデル

２０００年前夜、20人の営業代行プロジェクトがスタートしました。場所は東京、八王子でした。

その後、２００1年を迎え営業拠点は、一気に東京から大阪、名古屋へと拡大し、札幌、仙台、広島、福岡、高松、そして全国へと広がっていきました。

まさに〝燎原の火の如し〟です。

半年後はプロジェクトの総人数も１５００人をこえる規模になりました。

こうなると、この営業プロジェクトは1つの事業体とみなされました。

そのため具体的には、プロジェクト専用の就業規定をつくり、労務管理、運営管理を実施し、急激に進化していく実態に合わせて組織を刷新し続けました。

営業代行のビジネスモデルは、試し営業でスタートし通信会社間のゼロサムゲームにもまれて進化していきました。

これは営業生命体の進化プロセスであると同時に、ビジネスモデル発見のプロセスでもあります。

この1年間の営業代行組織の進化の事例を、３つのステージに分けて説明します。

◆ステージⅠ

2月20人のプロジェクトでスタート

2月、通信会社から営業代行を受託しました。3月、東京、大阪、名古屋、仙台に営業拠点を立ち上あげました。

プロジェクト部隊は一拠点、営業スタッフ、事務スタッフを含めて20～40人でした。

SVのマネジメント力が問われた

この規模のポイントは、営業代行マネジメントのための、SV（プロジェクト責任者）と委託企業の業務担当との打合せ。委託企業の要望と現場の売り方のすり合せは、SVのコミュニケーション力、調整力によるところが大きいのです。

SVのミッションは売り方の方向づけと、売り方の策定、営業チームごとの目標達成のマネジメントです。

手探りの試し営業

この段階で様々な試し営業が実行されました。それぞれのマーケット状況にあわせた、何種類もの仮説の売り方をつくり、実施検証をしました。手探りながら確実に成功モデルを積み立てていったのです。

そのため、ＳＶの重要さを表現するのに〝プロジェクトは勝つも負けるもＳＶしだい〟と言われていました。その後も営業代行部隊は急速に拡大しました。

１か月後、総数40人の組織に拡大

営業組織は営業スタッフ８人、テレアポスタッフ（訪問予約をとる電話担当）２人を加えた合計10人からなるチームが、３～４チーム構成される規模になりました。

営業活動の進捗管理もこの規模になると、１人のＳＶでは全営業スタッフの活動状況を見ることはできなくなりました。

チームリーダーが選任される

各チームリーダーはチームごとの営業進捗、成果管理を業務分担しました。

ほとんどのターゲットは中堅企業群。

それを見込み客ランク、規模別に分類し、かつＳＶ、リーダーなどの役職者が担当企業を振り分けて分担管理する必要がでてきました。

大型案件ついては、複数のチームが合同で対応しました。

大型案件を営業支援する専門部隊が対応する

この規模になると営業スタッフは、営業アドバイスをSVやチームリーダーに求めるより別編成の支援専門部隊に求めるようになりました。

支援部隊と同行営業をすることによって、実践的な情報交換や営業パワーを増すことができるからです。支援部隊は、各チームを横断的に支援することで営業事例、営業ノウハウを蓄積しクロージングのための課題解決力をレベルアップしていきました。

まだ、この段階では勤務状況の把握、人事労務管理はしやすかったのです。

拠点内ルールは営業スッタフ研修やリーダー研修を通じて周知させました。

SVの意識をプロジェクト管理者へ

また、この時期にSVの意識をプレーイングマネージャーから、プロジェクト管理者へ転換させる意識改革に取り組みました。

◆ステージⅡ

スタート3ヶ月目に一拠点100人へと大幅増員

同年の4~6月にかけ東京、大阪、名古屋、仙台は、営業担当の大幅な増員が行われました。

一拠点が１００～１５０人へと増えたところもありました。

一拠点内に新規エリアの営業部隊が増設されたのです。

営業部隊も東京エリアを例にとれば、営業対象エリアが拡大されました。

主要エリアを中心に周辺広域に拡大

具体的には埼玉エリア、千葉エリア、神奈川エリアが追加され、関東圏を広域に営業展開することになったのです。各新規エリアの営業代行プロジェクトは営業、事務含めて40～50人。

この規模の直接の営業マネジメントは、ＳＶではなく各チームリーダーが主体で実行するようになっていました。

評価は成果実績に連動

給与支払いの評価は成果実績を反映させました。

トップクラスの営業スタッフは、この制度によって評価され、支援部隊に移動させられるだけでなく研修担当としてもかり出されました。


エリアＳＶを集めたＳＶ会議は、週二度の開催

統括ＳＶによるエリア別の営業管理は、各エリアのＳＶを集めたＳＶ運営会議で行われました。

そこで集められた現場の活動情報は、その後の情勢判断の材料として活用されます。

検討事項についても都度スピーディに方針決定されました。

大型案件、大口企業については、案件専用プロジェクトが編成され支援部隊を中心に推進しました。

営業ナレッジの共有化

ＰＣ環境は現状に合わせて整備されました。プロジェクト拠点内の見込み客はデータベース化され、営業ナレッジは営業スタッフが閲覧できるよう共有ホルダー化しました。

人事労務管理は、毎月の人事異動をＰＣの掲示板で示達し、人数が増えてお互いが不案内になる状況を解消しました。

人事考課制度をつくる

昇格・資格制度の要件を整備し人事考課制度までつくりました。

教育研修は複数のプログラムで充実化

研修については商品別研修、役職階層別研修、商談スキルアップ研修など徐々に研修プログラムを増やしていきました。

事業所とみなされる規模に

プロジェクト拠点は、この頃からプロジェクトから事業所とみなされる規模になってきました。

それにともない、事務組織も事務職専門の統括責任者をおく必要に迫られます。

セキュリティ対策は専任担当を選任し、セキュリティポリシーを策定し、情報保護研修を全国で定期的に実施。

担当者は全国の各拠点を巡回し、監査チェックシートで適正に各拠点のプロジェクトが運営されているかチェックしました。

そうして、徐々にですがプロジェクト全体のリスクヘッジ体制をつくりあげたのです。

◆ステージⅢ

スタート10ヶ月目、全国プロジェクト拠点の総数が１０００人を超えた

同年11月には岡山が新規に開設されました。

東京エリアではさらに人数が増員され、一拠点が２００人のプロジェクトメンバーに増えました。

全国プロジェクト拠点のスタッフ総人数は、１０００人にのぼったのです。

はっきりと一企業として見なされました。

この規模になると管理部門に人事総務、経理の専門部署を設置し、セキュリティリスク管理の監

査部も正式に発足させました。

正社員登用制度を取り入れる

就業規則は見直し、短期契約の営業スタッフを契約社員にして、その後正社員へ登用する制度を積極的にお し進めました。

チームリーダー以上はこれにもとづき契約社員にしました。

これによってプロジェクトを運営するうえで、責任感と一体感が醸成されます。

さらに営業部門だけでなく、責任あるポジションにいる人材は、社員化することによってより強い仲間意識をもつようになるのです。

役職部署の役割、権限を明確に

マネジメントについては役職、部署の責任、役割、権限を明確にする必要が出てきました。

SVはサブSVを配置することにより、業務の負担を軽減させました。

営業チームを小単位へ再編

チーム編成においては、より細分化した組織に組み直しました。

営業チームは、より機動的な10人から5人に再編成。

提案力アップのため支援部隊を強化

営業前線ではさらに進化した営業力、提案力が求められます。

そのニーズに対応する支援部隊は、ソリューション部隊と呼称を変えて増員し、組織的にバックアップ体制がとれる戦略機能に進化させました。ソリューション部隊の支援で大口案件の獲得が可能になりました。これと並行して、広範囲な営業スタッフの能力開発、人材育成の研修プログラムの充実をせまられました。

営業活動は人材育成が一番大切

営業活動で一番大切なことは、人材の育成であることに気づかせられたのです。これは、各企業においても同様のことと思われます。

組織発展のキーワードは人材育成です。

21世紀は人材育成にどれだけ力を入れるかです。

しかし、現実はこれとは違う潮流になっているのではないでしょうか。人材の使い捨て営業組織が増えています。すぐ結果を出さねばならない営業の現実が、このような現象を蔓延させているのでしょう。大変残念なことです。

人材育成の実行は、煩悩具足の凡夫である私達が、自らの適職を探すきっかけにもなります。

21世紀は模索の時代でもあります。

この混沌とした時代から抜け出す創造力、事業力は人間が生み出すものです。

企業にとって人材の育成は、事業だけでなく個々人の人生設計、喜び創造に通じる社会的使命かもしれません。

現状の見直しをお願いしたいのです。

人あっての組織であり、人あってのマーケットです。すべての富は人から生まれるものです。

人を再度、人材として長期的な視点でとらえ直してください。


営業代行プロジェクトは、スピーディに拡大できる

以上が1年間の営業代行プロジェクトの進化拡大ステップであるとともに、私の気づいた結論です。

営業代行の組織が、あっという間に極めてスピーディに拡大したことがおわかりいただけたと思います。

これが営業代行のビジネスモデルの大きな特徴です。

この特徴をどう活かすかは、企業の戦略担当者の腕しだいです。

しかし、直接、成果を出すのは営業スタッフであることを思いおこしてください。

この営業スタッフの能力強化のしくみづくりに、営業代行進化のヒントがあるのです。

まさに、人材の育成、発掘は営業代行の本質的な課題です。

【図表5　新規開拓の事例】

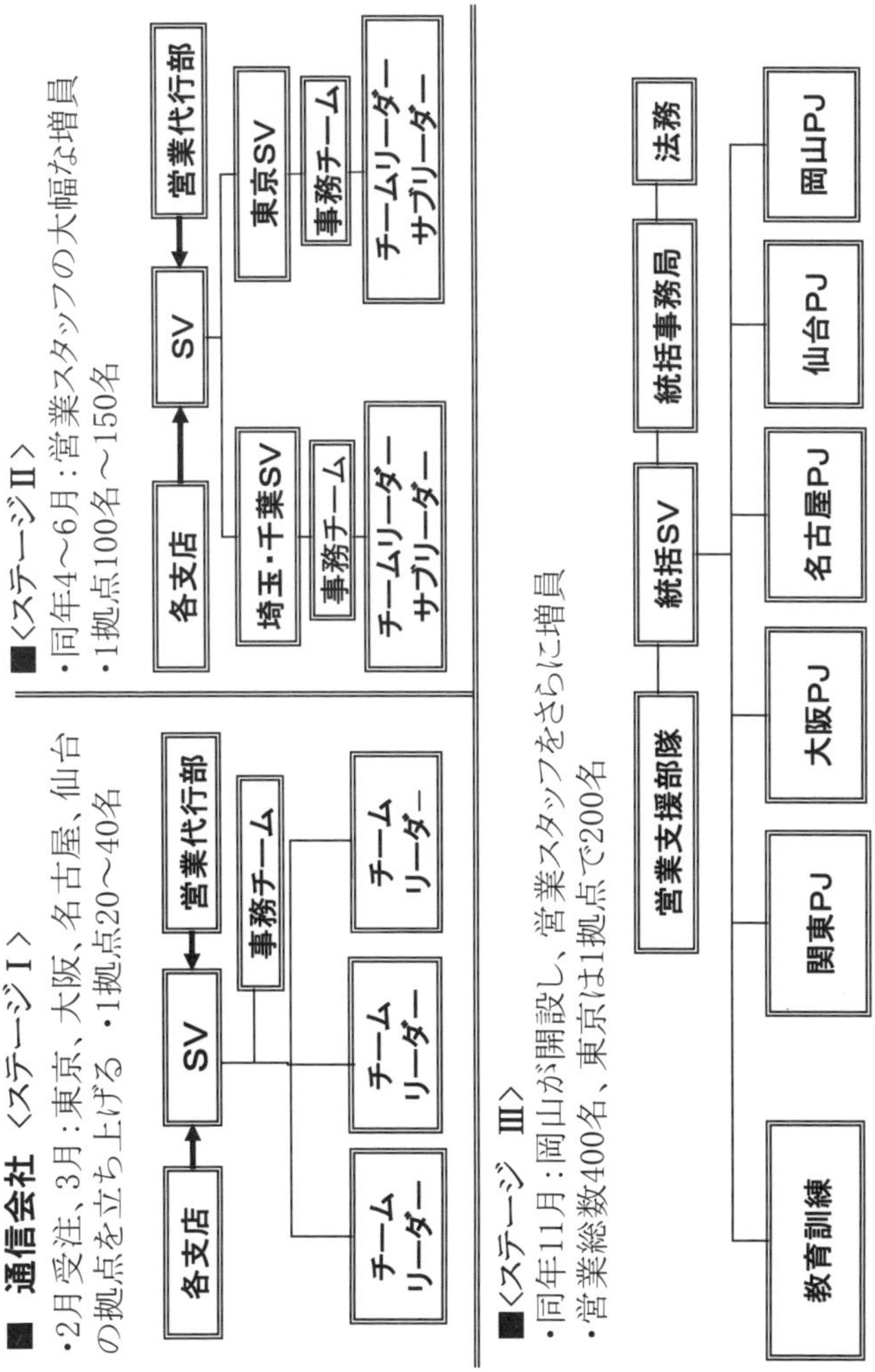
■通信会社〈ステージⅠ〉
・2月受注、3月：東京、大阪、名古屋、仙台の拠点を立ち上げる
・1拠点20〜40名
各支店
SV
営業代行部
事務チーム
チームリーダー
チームリーダー
チームリーダー
■〈ステージⅡ〉
・同年4〜6月：営業スタッフの大幅な増員
・1拠点100名〜150名
各支店
SV
営業代行部
埼玉・千葉SV
事務チーム
チームリーダー サブリーダー
東京SV
事務チーム
チームリーダー サブリーダー
■〈ステージⅢ〉
・同年11月：岡山が開設し、営業スタッフをさらに増員
・営業総数400名、東京は1拠点で200名
営業支援部隊
統括SV
統括事務局
法務
教育訓練
関東PJ
大阪PJ
名古屋PJ
仙台PJ
岡山PJ

この新規開拓営業は、企業の通信回線の加入獲得でした。

営業対象となったターゲットは中小法人。

営業スタッフの有効訪問件数は1日あたり20件で、有効訪問率は73・2％でした。一般的に公共性がある企業（電気、ガス、水道、通信など）は、飛び込み営業であっても商談できる確率は高い（50％）ものです。

クロージング（成約件数）は、営業スタッフ平均の有効訪問受注率で5～6％でした。

6 【事例】ケーブルテレビ加入契約の新規開拓

ケーブルテレビ会社に営業代行モデルを売り込む

すでに通信会社の営業代行は始まっていました。この業務委託型の営業代行モデルを、他業界の営業部に売り込もうと考えたのです。導入先はあっけなく決まりました。それは外資系ケーブルテレビ会社（ＣＡＴＶ）でした。ケーブルテレビ会社は日本に進出してまだ間もない頃でした。東京都内の限定エリアで都市型ケーブルテレビとして実験放送を試みている段階でした。

アメリカでは国土の広さと行政規制などから、すでにＣＡＴＶは広く普及していました。

加入獲得の営業活動はセールスレップ（営業を請負うの個人事業主）がＣＡＴＶ会社と委託契約することで推進していました。ＣＡＴＶ会社はアメリカでの事例を知っていたので営業代行導入を検討してくれました。しかし、営業代行会社の実績といっても通信業界の経験があるだけで、発注には不安がありました。そこでリスク軽減のため、まず試し営業をやることになりました。

試し営業が始まる

期間は２ヶ月、人数はＳＶ１名に営業スタッフ４名の計５名でした。

営業スタッフの移動手段はＣＡＴＶ会社の小型営業車を使いました。

業務委託契約の内容は、固定請求と従量制請求（加入契約を１件獲得するごとに加算される成果報酬型支払いシステム）からなっていました。加入契約がとれなければ赤字ですが、加入契約をとればとるほど収入が増えるシステムです。これは営業スタッフのモチベーションに火をつけました。

７月頃の梅雨の時期、加入契約獲得の試し営業がスタートしました。

キャッチフレーズはビデオ・オン・デマンド

営業のキャッチフレーズは〝ビデオ・オン・デマンド〟で、見たいときに見たい映画が家で見られる、というものでした。まだＣＡＴＶの認知度は低かったのですが、確実に反応はありました。

営業活動は、ケーブル回線が引かれているエリアの中で、さらに区域を限定し、実施しました。

訪問リストはありませんでした。指定エリア内の個人宅、アパート、マンションを軒並み飛び込み訪問しました。この営業にはＣＡＴＶの加入促進だけでなく、認知度をあげるＰＲ活動もかねていました。

もちろん同時期、正社員営業スタッフも拡販活動を行っていました。

ケーブル回線の敷設されるエリアが拡大すれば拡大するほど、それに比例して営業スタッフの数は増えていっていたのです。

ＣＡＴＶ会社の管轄するエリアは、行政で指定されていて業者同士でゼロサムゲームを展開することはありません。このところは通信回線業界とは違います。とは言っても、東京都の半分近いエリアの住宅地域にケーブル回線を張り巡らせ、それを追いかけるように加入促進営業を展開する壮大なプロジェクトでした。

これはまた莫大な先行投資を必要とするインフラビジネスでもありました。

営業スタッフは急激に増えた

ケーブル回線の拡大に伴って確実に営業スッタフの数は増えていきました。

それに遅れて徐々に加入者も増えてきました。しかし反面、地域が限定された中での拡販活動は、ある一定の加入率、加入者を持って確実に臨界点を迎えます。いずれ拡販余地はなくなり、正社員営業の増員はどこかでピークを迎え、一気に反転して余剰人数としてカウントされることになります。ケーブル回線の敷設エリアを拡大し続けない限り、大量の営業職が不要になります。

ＣＡＴＶ会社は営業職採用に、将来を見越した仕掛けを必要としたのかもしれません。

そんな背景があってか、営業代行会社の試し営業はいろいろな思惑をかかえて導入されたのです。１ヶ月目は商品知識のなさと、認知度の薄さも伴って苦戦を強いられましたが、２ヶ月目には着実に成果を出しました。採算においては販管費を相殺しても営業利益が出ました。

試し営業を営業代行プロジェクトに再編強化

試し営業は成果を出すことによって、営業代行プロジェクトに再編して増強することが決まりました。有効であると判断されたのです。

営業プロジェクトの再編に伴って、固定料金のアップとインセンティブ（従量制の成果報酬）の改定を要請して受け入れてもらいました。さらに加入契約1件のインセンティブを、一律固定単価から20件以上、50件以上、１００件以上など件数が増えるほどインセンティブ単価が上がるよう改定してもらいました。営業手法も個々のお宅に訪問するだけでなく、マンションなどの大型集合住宅では、マンションの管理組合やオーナーに掛け合い、建物全体にケーブル回線が引き込めるよう交渉しました。了解がとれたマンションは、回線導入工事を完了させ、後は個々の部屋を訪問して加入活動をやりました。加入するしないは世帯主の勝手で、その判断は世帯主にゆだねました。

営業代行プロジェクト拠点増える

そうこうしているうちに加入拡販の営業代行プロジェクトは、五拠点を持つようになりました。

一拠点にＳＶ、営業スタッフ、事務スタッフを含め15名から20名でした。期間は6ヶ月更新が多かったです。

しかし、そのうち当社だけで営業スタッフを確保するのは難しくなりました。ケーブル敷設がスピードアップしたのです。そうなると当社だけでは手におえなくなったのです。

営業スタッフ確保のため他社にも声掛け

営業スタッフの増員スピードが一度に50名、１００名単位になってきたのです。

ＣＡＴＶ会社も、当社だけではなく、他の会社に声をかけて営業スタッフ確保に悪戦苦闘しました。このところは通信会社間で繰り広げられた、マイラインの前夜と酷似しています。

加入契約獲得の営業養成研修を強化

正社員営業のトップセールススタッフは、営業の前線から引き揚げて、営業代行業者が採用した営業候補者をひたすら教育して営業の前線に送り出す業務に張り付くことになりました。トップセールスが実践営業で培った攻略ノウハウを、営業代行スタッフに伝授したのです。

研修は五日間実施されました。この時期になると、営業代行業者も営業経験者だけを集めることは不可能になりました。面接をして、営業に向いているであろうと思われる元気のいい営業未経験の若者も採用するようになりました。このような若者は意外にめきめきと頭角を現すものです。へたに自分の営業スタイルを確立しているベテラン営業より、我々が教える営業の基本姿勢を素直に吸収する若者のほうがその伸びは速かったです。その意外さに〝後生おそるべし〟を実感しました。

営業代行は21世紀の営業支援組織

このように営業代行は、営業需要に対応できる爆発的な対応力があります。

バーチャルな営業組織ではありますが、確実に成果を残す機能を兼ね備えているのです。まさに21世紀の営業支援組織かもしれませんが、その核にあるのは、営業の売り方に対する貪欲な探究心と、営業組織をどう展開させるべきかを感知できる方向感覚です。この能力を持つ人材を社内にもつ企業は間違いなく発展成長していくでしょう。この能力は同時に、営業代行会社にも求められる必須の能力です。この能力を持っていない営業代行会社に発注すると、火傷をすることになるでしょう。

もちろん営業の売り方、方向性を、きちんと自社の中にお持ちの企業であれば、そのような営業代行会社でも量的戦力として有効に活用できます。今回、ＣＡＴＶの加入契約獲得の新規開拓営業をすることによって一段とその有効性を確信しました。

企業が営業代行を活用する時期

企業には社会環境のニーズに押されて大きく成長する時期があります。

企業の総資産がシナジー（相乗効果）を起こして、その時期を迎えることもあれば、満を持して新商品を世に問うそのときかもしれません。その一時期をとらえて一気に勢力の拡大をはかりませんか。通信会社、ＣＡＴＶ会社の事例は営業代行の典型的な事例です。

読者の皆さんが自社に当てはめて現状分析をされ、今後の発展を見定められたら、一定期間の営業部隊の増強時期がはっきりと見えてくると思います。その時期に、試し営業や営業代行を果敢に活用するのです。企業の成長スピードが加速できます。ぜひご検討をお願いしたいと思います。

ＣＡＴＶの営業件数は、飛び込み訪問で1日平均で50件でした。有効訪問率は15～30％と幅があります。有効訪問受注率はエリア特性、営業能力による差異がありますが、10％前後でした。

7　営業代行で見込み客を絞り込む

ターゲットの絞込み

営業活動には絞込みという手法があります。

営業活動をする際は、事前にターゲットリストをつくります。取引したいターゲット企業を選別、集約したリストです。リスト数は対象範囲を設定しなければ何千、何万件という企業数になります。当然、対象企業は地域、業界、事業規模などの条件設定をして絞り込みます。

そのリストに対してＤＭを出すとか、電話をかけるとかでファーストアプローチをします。

そこで反応のあったターゲットを、絞込み直接訪問するのです。

【図表６　見込み客絞込みからクロージング】

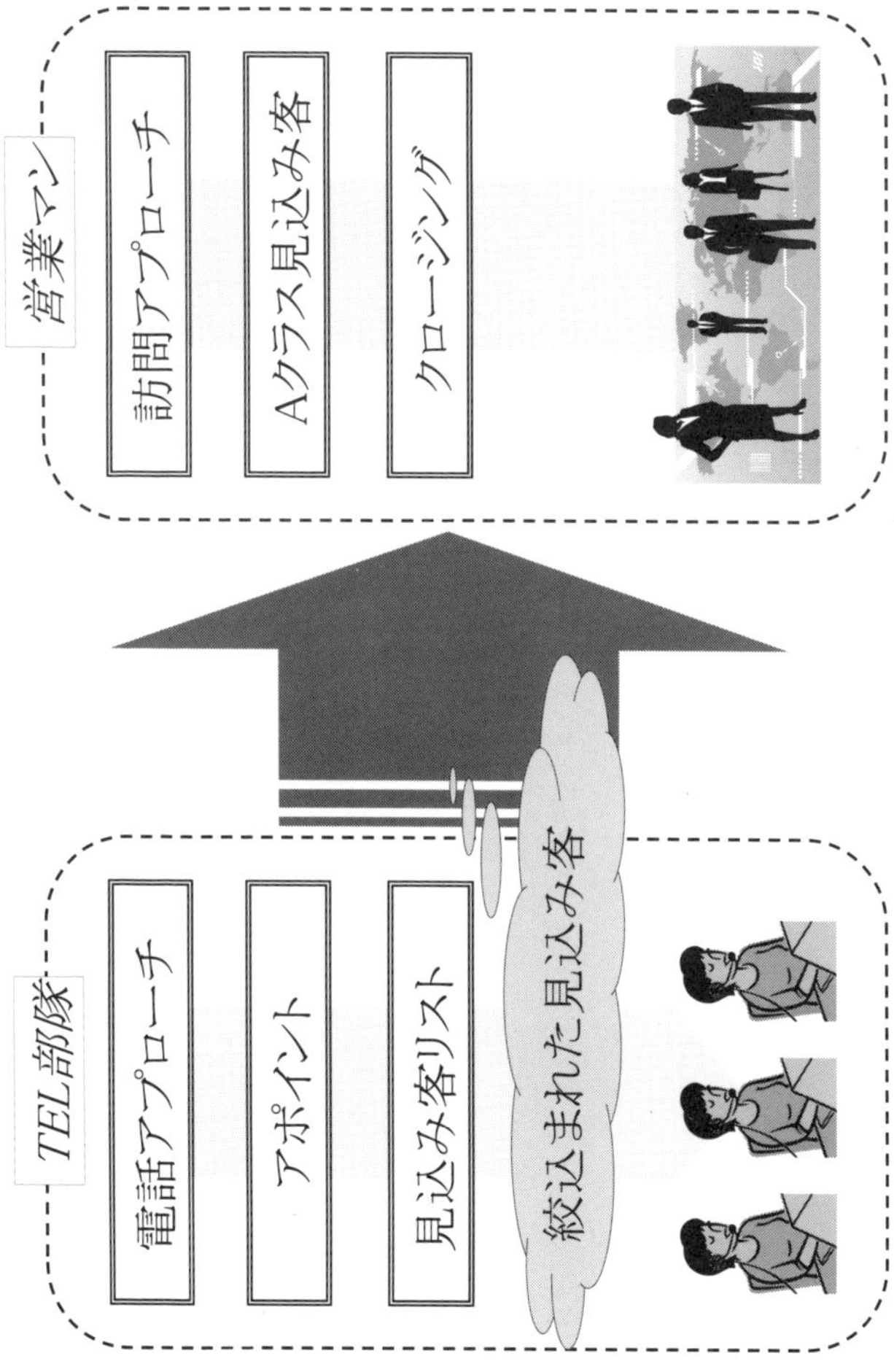

関心の度合によって、クロージング（成約）の可能性のあるターゲットを見込み客としてリストアップします。見込客の絞込み営業代行はこのステップまでです。

その後、この見込み客リストは委託企業に納品します。

見込み客リストは委託企業の営業スタッフが引き継ぐ

後は委託企業の営業スタッフが、この見込み客リストにもとづき営業訪問し、クロージングをかけるのです。見込客の絞込み営業は、大量の対象リストを営業訪問することにより見込み客という上質のターゲットを抽出するのです。

また、見込み客の絞込み手法はＰＲ、アンケートという切り口でターゲットにアプローチし、その見込客度合により判断することもあります。

そのためクロージングという契約締結というツメがないので、法人（中小企業）への有効訪問率は比較的高いのです。

大学の新入生勧誘の営業代行

東京の大学の新入生勧誘キャンペーンを営業代行で行ったことがあります。

ターゲットは、近畿エリア出身の新入生が卒業した高等学校でした。

営業代行スタッフは、近畿エリアの指定高校リストにもとづき高校訪問し当大学のＰＲと関心度合の聞き取りをしました。

関心の高い高校は後日、大学職員がアポイントを取り再訪し、大学紹介の詳しい話をしました。

その際、見込み客絞込み営業の有効訪問率は、74％で、１日あたり訪問件数は５〜６件でした。

このケースは、短時間のＰＲと情報収集であったため比較的訪問効率はよかったです。

今までの高校訪問は、大学職員がアポイントをとって限られた数だけの訪問をしていました。

しかし、時代環境は大学間の競争激化や少子化の流れを受け、入学生確保が難しくなってきました。

大学は高校訪問の数を増やし、訪問エリアを広げる動きをとり始めました。大学が営業代行を使う背景には、このような流れがあります。

自販機設置の営業代行

もう１つ、ちょっと古くなりますが、１９９５年阪神・淡路大震災が起こったときの事例です。

この天災で神戸の自動販売機が６０００台壊れました。

そこで復興に向けて、飲料各社は、自動販売機の設置の動きに乗りだしました。

飲料会社各社の動きは、焼け野原の更地をめぐって、さながら戦国時代の群雄割拠を思わせる過熱ぶりでした。実施した見込み客探査営業は、ビルがくずれ焼け跡になった元市街地を回って、自販機が設置できそうな土地を見つけだすことでした。そして、土地のオーナーを捜し出し、ビルが再建された暁には、自販機を設置させてもらう交渉をしました。

営業代行スタッフはオーナーの意思を確認し見込み客リストをつくり、委託先の飲料会社の営業部に提出しました。具体的な契約の詰めを含めたクロージングは、飲料会社の営業スタッフがしました。ここでの飛び込みによる有効訪問率は80％。有効訪問件数は1日あたり16件。有効訪問受注率27％でした。

この見込み客絞込み営業は歩道がひび割れ、ビルが無残に倒壊している極めて特殊な環境での営業代行でした。

8 【事例】建築中マンションへ排水機器を売り込む

マンションの建設申請リストを入手

排水機器メーカーの営業代行の訪問先は、建設中のマンションでした。

マンション建設は事前に国に申請しなければなりません。現在建築中のマンションリストは、市や県の建築行政機関にコンタクトをとれば簡単に手に入りました。

あとは直接、建築現場を訪問し、主旨説明をして設計図面を見せてもらいます。

排水機器を導入してもらえそうな可能性があれば、見積書をつくるために、設計図をコピーしてもらうのです。それを持ち帰って、排水機器メーカーの技術者に見積書をつくってもらいます。

見積書の提出にはメーカーの営業スタッフが同行しました。

あとのクロージングは、値段、納期調整、契約締結があるためメーカーの営業スタッフがやりました。営業代行スタッフは、マンション建築現場を回って見込み客を見つけるまでの営業でした。

役割は明確に分けていました。

マンション建築現場を直接訪問

営業代行スタッフは、ターゲットリストを片っ端から直接訪問する量的な役割をにないました。社員スタッフの役割は絞り込んだ精度の高い見込み客をクロージングすることでした。

直接訪問というのは一見非効率で、無策な営業手法に見えますが、生の情報は現場に行かなければ聞けません。たとえ非効率な一面があっても、直接訪問は営業の基本なのです。

営業活動の基本は人と人とのコミュニケーション

まず現場に行って、人と会うことから始まるのです。

現実はEC、ウェブサイトで人が絡まないビジネスが猛烈なスピードで普及しています。

しかし、ビジネスを支援し利用しているのは人です。そのマーケットを構成しているのも人です。

近々、ウェブメディアでは捕捉できない領域を、人によっておぎなう人の強みを生かしたサービスが生まれるかもしれません。EC（電子商取サイト）は、いっけん人と物だけの関係に見えましたが、よく見ると確実に物の影に相手の姿がおぼろげながら見えます。

今後この漠とした人とコミュニケーションのできる営業サービスが生まれるかもしれません。

話がそれましたが、排水機器の見込み客絞込み営業は、1日の訪問件数は4〜5件でした。有効訪問率は80％と高かったです。

仮説建設事務所の技術者は、在席されていれば気軽に対応してくれました。この営業代行は2年以上にわたって契約更新を繰り返しました。その後、営業代行スタッフの1名は、メーカーからの申入れもあり、排水機器会社の正社員営業として採用されました。

9 【事例】警報システムの新規導入

東京と大阪で同時実施

営業ターゲットは中小規模の店舗で、センサー付き警報システムの売り込みでした。

営業代行のミッションは、見込み客を見つけることでした。

この見込み客絞込み営業は東京と大阪で実施しました。

営業代行プロジェクトの規模は、東京ではＳＶ1人、営業スタッフ10人でした。

大阪は、ＳＶ1人、営業スタッフ5人でスタートしました。

東京プロジェクトは1チーム5人からなるリーダー制を採用しました。

営業代行スタッフは、商店街のお店や事務書に飛び込んで万引き、空き巣、強盗などの実態を聞き、防犯に対するニーズを情報収集しました。

商店街で警報システムに関心を持っている店舗を見込み客として探し出すのです。

見込み客を見つけた後は、警備会社の営業スタッフを同行して引き継ぎをします。

クロージング、契約行為は警備会社の営業スタッフの役割でした。

商店街で飛び込みローラー営業

最初、営業訪問は企業リストをつくって訪問しましたが、効率の悪さから途中から飛び込みローラー営業に変更しました。

営業エリアも都心からはずれた商店街に絞り込み、地域密着型の営業手法に変えることにより成果がでてきました。

その中には店舗飛び込みがきっかけで、全店舗に警報システム設置という大型受注につながった案件もありました。営業提案がお客さんのチェーン本部にとりあげられたのです。

営業代行スタッフは、中高年の営業経験者が中心

警報システムは安心安全を提供するということもあり、安定感のある中高年スタッフのほうが良いということになったのです。

【図表７　見込み客絞込み営業の事例】

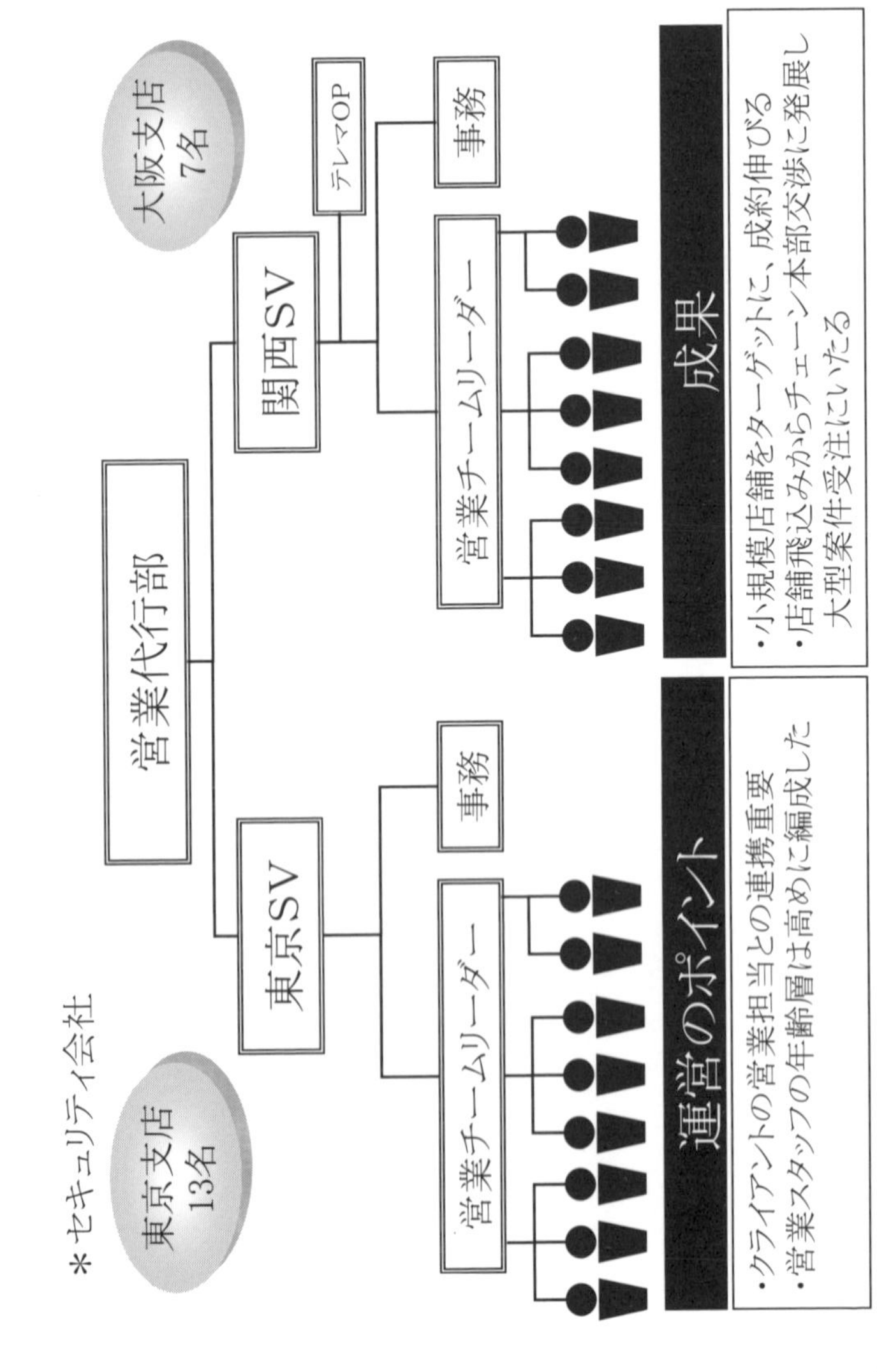
＊セキュリティ会社
東京支店
13名
大阪支店
7名
営業代行部
東京SV
関西SV
テレマOP
事務
事務
営業チームリーダー
営業チームリーダー
運営のポイント
・クライアントの営業担当との連携重要
・営業スタッフの年齢層は高めに編成した
成果
・小規模店舗をターゲットに、成約伸びる
・店舗飛込みからチェーン本部交渉に発展し
大型案件受注にいたる

中高年営業も、見捨てたものではありませんでした。

ターゲット特性に合わせた営業スタッフの人選は、成果に直結した適切な人事でした。

この案件の有効訪問率は、平均で40％でした。

有効訪問件数は、１日あたり10件でした。

10　営業代行でルートセールスをやる

既存企業の新規部署を新規開拓アプローチ

ルートセールスは、すでに取引関係にある企業を定期的に訪問営業することです。

ターゲットが既存企業ということもあり、ルートセールスは守りの営業です。

しかし、新商品・サービスができた場合は、既存の取引企業に対しても新たに売り込まなければなりません。深耕開拓営業です。

既存企業内でもまだ取引のない新規部署には新規のアプローチをします。

営業効果は、人間関係の濃い社員営業スタッフが訪問するほうが大きいです。

しかし、社員営業スタッフの人数には限りがあります。

既存取引先が多い場合、数に限りのある社員営業スタッフだけではフォローしきれません。

そのようなとき、営業代行を使うのです。

活用のポイントは、お客さんのランク分け

既存取引先の売上高や、今後の成長性などを考えて得意先をランク分けするのです。

上得意先は、社員営業スタッフが訪問件数を増やして密度の濃いフォローをします。

営業代行スタッフは、新規開拓色の強い企業を担当するのです。

たとえば、取引高は大きくありませんが、継続的に営業アプローチすることによって将来の売上拡大が期待できそうな企業や、過去に取引実績があって、もう一度取引を再開したい企業などです。

これらの企業群は、その企業の営業の歴史が長ければその数は膨大になります。

正社員営業スタッフでは、守りながら攻めるといっても限界があります。

守りきるエネルギーは、攻めることより三～五倍のエネルギーを消耗します。

現実には売上を守りながら、新規開拓を同時に実行することは難しいのです。

とはいえ、ルートセールス営業は、守るだけの営業から脱出する方法を考えなければなりません。

そのヒントは営業活動の基本に潜んでいます。

答えは簡単、新規開拓です。既存取引先を整理して、社員（営業スタッフ）は、新規開拓の比重を増やすのです。

新規開拓なくして企業の発展と継続はありえません。

営業活動には、とっぴな答えはありません。

人間がやることです。すべて想定内です。

本当にできるのか？　本当にやっているのか？

しかし、Ａ社でできたことなら、当社でもＢ社でもできるか、というとそうではありません。実際にやって成果を出すということは、そう簡単に真似のできるものではありません。成果は、複雑にいろいろな要素がからみあって、生みだされているのです。

ほとんどの企業の営業部の幹部はこう言います。

「当社も、その気になれは、それくらいの成果はすぐ出せるよ！」

「新規開拓！　そんなの毎日やってるよ！」

しかし、本当にできるのか。本当にやっているのか。

口先だけでなく、本当にやる気があるのか。見せろよということです。

すばらしい作戦も、やらなければ、ないのと同じ

どんな優秀な人材をかかえ、どんなすばらしい作戦を考えても、実行しなければやらないのと同じです。

外部の営業スタッフによる増強が必要です。

既存スタッフを精神論ではっぱをかけても、継続的な実績には結びつきません。

ルートセールスで既存企業を守りながら、ぜひ新規開拓をスタートさせてください。

11 【事例】自動車販社の定期フォロー営業

営業スタッフの定着率が悪い

この自動車販社は四国の松山にありました。

自動車販社では、定期的に法人のお客さんを訪問して使用状況の確認巡回をしていました。

この販社はテクニカル部門の人材は充実していましたが、営業スタッフは少なかったのです。

営業スタッフを採用するものの定着率が悪く、優秀な営業スタッフを確保できないでいました。

とは言っても、既存企業へのメンテナンス、フォロー営業は継続実施したいと考えていました。

定着率の悪い理由は、営業スタッフのノルマが非常にハードだったからです。

販売予算の達成のため、営業スタッフは新規顧客の開拓と既存顧客のメンテナンスを同時に推進していました。特に新規の顧客を開拓するには大変なエネルギーをついやしました。

このエリアは地方特有の保守的な土地柄で、自動車を必要とする人はすでに購入済みで、新規の顧客を獲得することは難しかったのです。

また買い替えの際もメーカーを変更することは少なかったですが、何のフォローもしなければ他社ディーラーに鞍替えされることは多々ありました。

そんなわけで、営業スタッフは活動量の割には成果が出しにくかったのです。予算が達成できなければ厳しく指導されます。定着率の悪さはここに原因がありました。

そういう背景があっての、営業代行の導入でした。

正社員営業は二兎を追いかけるのではなく、新規開拓のみに専念させるようにしました。既存顧客のメンテナンス、ルートセールスは営業代行スタッフにやらせるという役割分担をしたのです。

正社員営業は活動の段取りが組みやすくなりました。集中力がアップすればおのずと結果が出てきます。

営業代行スタッフは、リストアップされた既存のお客さんの定期訪問を開始しました。

そのかいあってお客さんの買い換え購入は、この販社に発注してもらえるようになりました。

フォロー営業が定着し、効果が出始めたのです。

正社員として採用される

営業職の営業能力は、短時間の面接だけでは判断できません。

弁論さわやかで、成果未達の営業スタッフが多くの企業の営業部にあふれています。

できれば、営業スタッフは日常の営業姿勢や行動力を裏付けにして、確実に成果を出すことを確認して採用したいものです。販社事例のトピックスとして、複数名の営業代行スタッフが送り込まれましたが、その内の数人が委託先販社に正社員として採用されました。

この採用は、営業代行の特性をいかした上手な採用方法でした。

12 【事例】自社拠点のないエリアでの官公庁メンテナンス

エリア内に営業拠点がなかった

ルートセールスの訪問先は、中国地方（鳥取県、島根県、岡山県、広島県、山口県）の官公庁（県庁、市役所など）でした。

水処理の設備機器会社は、広島に支社を持っていましたが、他のエリアに営業拠点を持っていませんでした。

しかし水処理の設備機器は、中国地方の他県官公庁にすでに納入されていました。そのことから、年に数回のメンテナンス訪問をよぎなくされていたのです。その頻度は各県に営業拠点を置くほどのものではありませんでした。

そこで、会社はこのエリアの各県を定期巡回する営業代行スタッフをはりつけたのです。

水処理機器の新商品が発売されると、商品ＰＲでこのエリアの各官公庁をルートセールスするのです。

移動手段は移動効率を考えて、レンタカーをその都度使用していました。

地方での営業は幹線高速道路が整備されているので、公的移動手段を使うより車のほうがスピーディに移動できます。

官公庁を定期巡回

日頃はおなじみの営業代行スタッフが、すでに納入済み機器のメンテナンスと人間関係づくりのため、官公庁の担当窓口部署を定期巡回しています。

同じ営業スタッフが継続して訪問し続けることは、お客さんとの間に安心感と信頼を生む人間関係をつくり上げます。これはビジネスでは売上の確保につながります。

定期的に同じ人間が訪問するルートセールスの強みは、ここに集約されます。信頼関係は、急につくれるものではないからです。それにより入札関連の情報が事前につかめたりもします。

官庁の案件によっては、すでに導入実績がある企業については、入札なしで随意契約を結ぶこともあります。

そんなとき、定期的に巡回し人間関係ができていることは大変な強みです。

もちろん入札は入札ルールにもとづき厳正に実施されます。

このルートセールスは、既存官公庁や既存部署を回ることによってビジネスチャンスを入札に活かしました。

ここでも新規開発は正社員営業がやり、メンテナンス営業は営業代行スッタフがやるという役割分担でした。

しかし、一般には新規開発を営業代行スタッフにやらせ、新規に獲得した顧客を含めた既存顧客は正社員がメンテナンス、深耕開拓するというケースのほうが多いです。

13　営業代行でセールスサポーター（店頭巡回ラウンダー）をやる

セールスサポーターは営業担当でもある

流通業界は家電量販店、スーパー、ドラッグストアなどが乱立し、激しい販売競争を繰り広げています。

メーカーは商品を流通ルートにのせて、消費者に買ってもらうために、これら量販店に陳列してもらっています。

量販店も各種グループに分かれ、全国に店舗をはりめぐらせています。全国の家電量販店、スーパー、ドラッグストアを全部合わせると総数で4万店舗を超えています。セールスサポーターと呼ばれる営業代行スタッフは、委託先メーカーの営業担当になりかわって量販店の店頭を巡回します。

セールスサポーターの活動内容は、ルーティンとして決まっている

店頭を巡回し陳列棚の整頓、ＰＯＰの取付け、同業他社の売れ行き状況の情報収集などです。陳列棚が品薄であれば、バックヤードから店頭への品出し要請や、委託企業と量販店チェーン本部の店頭取決め事項が実際に実施されているかをチェックします。

さらには売場責任者とのコミュニケーションから、今後の店頭計画やイベント情報を集めます。セールスサポーターの所属は営業代行会社ですが、委託企業の営業スタッフになりきらなければなりません。セールスサポーターはラウンダー（店頭巡回スタッフ）と比べて、営業スタッフよりの視点で店頭をチェックします。そのため季節に合わせた特別キャンペーンの売り場づくりの提案などもやります。

新しく急成長しているドラッグストアは、メーカーの店頭巡回や店頭提案にむしろ協力的です。しかし最近、量販店チェーンの中には、メーカーの店頭巡回を禁止する動きがあり、メーカーの店頭フォローも制約されてきています。

メーカーにとっては、店頭はお客さんとの直接の接点であり、購買動向をつかむための一番生な現場です。ここで集まる店頭情報の中には、新商品の開発につながるヒントが見つかることもあります。

店頭現場は、消費者の生の声を直接吸い上げる最前線

セールスサポーターを活用する業界は、製薬、化粧品、食品、コンピュータソフト、プロバイダー、飲料会社など広範囲に広がっています。量販店にとっても売場は、ヒット商品が発売されれば商売繁盛で活気にあふれます。ぜひメーカーと量販店は、店頭を両者の共生の場、ビジネスチャンスを育む場にしてもらいたいと思います。

【図表８　セールスサポーター（店舗巡回・ラウンダー）】

14 【事例】電気量販店の店頭巡回

店頭現場の情報収集

外資系ソフト会社は東京、大阪、名古屋の主要な量販店４００店で、セールスサポーター合計30名を活用しました。セールスサポーターにはパソコン、携帯電話を貸与し、店頭現場の陳列状況を撮り、同業他社の店頭動向、販売状況などを情報収集しました。

一般的にはラウンダーと呼ばれるこの活動は、今では電気量販店に限らず様々な小売店の店頭で実施されています。

具体的な活動内容は、パンフレット、チラシなどの販促ツールの設置状況の確認、店舗販売員への新商品情報の提供、売り場の要望事項の収集、陳列チェック、売り場分析、店頭在庫の確認などの他に店頭デモの提案もします。

これらの活動は店頭フェースの拡大につながり、取扱製品の販売を促進させました。また陳列方法の提案や優良な陳列場所を確保することは、売上アップにつながりました。

情報収集した活動内容は、パソコン入力で報告しました。セールスサポーターは営業担当ではありませんが、量販店の売場担当者や、売場責任者とのコミュニケーションが求められます。新商品の発売時は、売場販売員を集めて商品の説明会を実施します。セールスサポーターは予算を持たされることはありませんが、委託会社の営業スタッフと情報共有し、売上目標に向けた個々人の活動目標が設定されていました。委託会社の営業スタッフは店頭ではなく、電気量販店本部の営業や法人営業に集中してくれという意向がはたらいているのでしょう。

セールスサポーター全員の活動管理は、ＳＶを委託会社内と営業代行会社内に配置することにより、スムーズに行うことができました。

現場での人間関係、コミュニケーション能力は必須の能力

セールスサポーターは全員女性で、１日４～５店舗の量販店を訪問していました。

この活動は売り場の販売員や展示売り場の責任者との関係が大切です。

ここで信頼関係がつくられなければ前向きな提案も受け入れてはもらえません。自分が提案した店頭デモがあるときは、積極的に立ち会うなどして信頼関係を築く必要があります。

セールスサポーターの能力は、コミュニケーション力はいうまでもありませんが、店頭を前向きに変えようとするチャレンジ精神や、突然ふりりかかってくるクレームに柔軟に対応する状況対応力も必要です。

セールスサポーターの業務は、一見地味ですが店頭現場からビジネスチャンスを吸い上げ、より良い店頭環境につくり変えているのです。

これからもセールスサポーターの役割は、さらに重要になっていくでしょう。

第4章　営業代行はこんなしくみ

1　導入のステップ

４つのアクションと５つのステップ

営業代行は、ほとんどがＢ２Ｂと呼ばれる企業、法人をターゲットとする営業活動です。

一般的に営業活動は、４つのアクション（動作）に分けられます。

企業にコンタクトをとる最初のアクションは、アプローチ（接触）といいます。

次のアクションはリサーチ（観察・調査）と呼び、営業交渉の中から企業の関心度合、要望、課題、問題点、不満などを聞き取ります。

そしてその情報をもとに、売り込みたい商品・サービスの特性、メリットを盛り込んで提案、説明するのがプレゼンテーションです。

最後に〝いかがですか〟の投げかけによって、企業に購入の意思確認、契約を決断してもらうクロージングというアクションに分けられます。

営業代行の導入から実施までのフローは、これらの４つのアクションをふまえた５つのステップからなります。

このステップは試し営業の章と一部重複する部分がありますが、あえて理解を深めてもらうために取りあげました。

第一ステップ・ＦＳ

ＦＳ（フィジビリティ・スタディ）は営業代行依頼の打診があったとき、最初にやる問診です。営業代行会社は、ＦＳによって営業代行を受託して成果だ出せるかどうかの判断をします。つまり依頼案件を請けるか、断るかのを決める最初のステップです

ＦＳはプレマーケティングの章で詳しく説明しているので、参照してください。

第二ステップ・プレゼンテーション

売り方は、委託企業の営業部が考えた売り方案をベースにするのがベストです。この仮説案があれば、営業代行会社はこの案をたたき台にし、今までのノウハウやアイデアを盛り込みより実践的ものに進化させます。

売り方の仮説案がない場合は、まず委託企業内で仮説の売り方案をつくってもらうことを依頼します。委託会社の営業幹部が日頃から温めている売り方案をまとめてもらうのです。

しかし、売り方案がつくれない場合、営業代行会社は企業とのＦＳからつかんだ問題要因を切り口にして、問題解決のための売り方案を企業に提案させてもらいます。

提案書は売り方の中に営業体制、運営体制、実施スケジュール、営業スタッフの教育研修、見積金額などを含んだものです。

提案は提案書の提出で終了するケースもあれば、企業の営業・経営幹部の前でプロジェクターを

使って説明することもあります。

ここでは様々な視点から質問、疑問点をぶつけてもらいます。

物事にはできること、できそうなこと、できないことがありますが、できそうなことについては検討をして、どうできそうか再プレゼンテーションで発表させてもらいます。

そんなやりとりの中から、企業の営業課題が何かをはっきりさせ実践的な売り方案をつくります。

第三ステップ・契約締結

営業代行の導入が決まると、委託契約書を締結する。これでクロージングです。

発注企業は委託会社となり、営業代行会社は営業を受託することになります。

第四ステップ・プロジェクト編成

営業代行会社はすみやかに営業プロジェクトの編成にとりかかります。

営業代行会社は、自社組織の中からこのプロジェクトへ参画する正社員営業スタッフを人選するとともに、一般公募により営業スタッフを集めます。そしてプロジェクトのメンバーがそろったところで営業研修をスタートさせます。

商品・サービスの知識研修、委託企業の企業理念、営業方針については委託先スタッフによるレクチャーが行われます。

営業代行会社は営業活動の基本知識、売り方を説明し、実技としてロールプレイング（模擬の営業演習）を実施します。営業研修は1日～2日ぐらいが普通だが、企業によっては2週間やる場合もあります。

第五ステップ・営業スタート

営業活動のスタートです。

営業活動が始まると、SVは営業実績の進捗から売り方を見直し、より成果の出る売り方つくる。営業スタッフは2ヶ月もたつとその適正がはっきりします。

それにもとづきスタートから2～3ヶ月目には、営業スタッフの再配置、入替えなどを実施し営業プロジェクトの見直しをします。

営業代行会社と委託企業は、日頃から良好なコミュニケーションを維持し定期的にミーティングをもちます。営業代行会社はこのミーティングで活動内容を報告し、委託会社の要望や指示をうけ今後の活動方針に反映させます。

たとえば営業プロジェクトの拠点を3拠点増やす、地方拠点を立ち上げる、現拠点の営業スタッフを増強する、売り方を変更するとか、様々な課題をすり合わせます。

目標達成に向けた両者のベクトルを合わせるのです。

これが大筋の営業代行導入から実施までのフローです。

【図表９　営業代行の導入フロー】

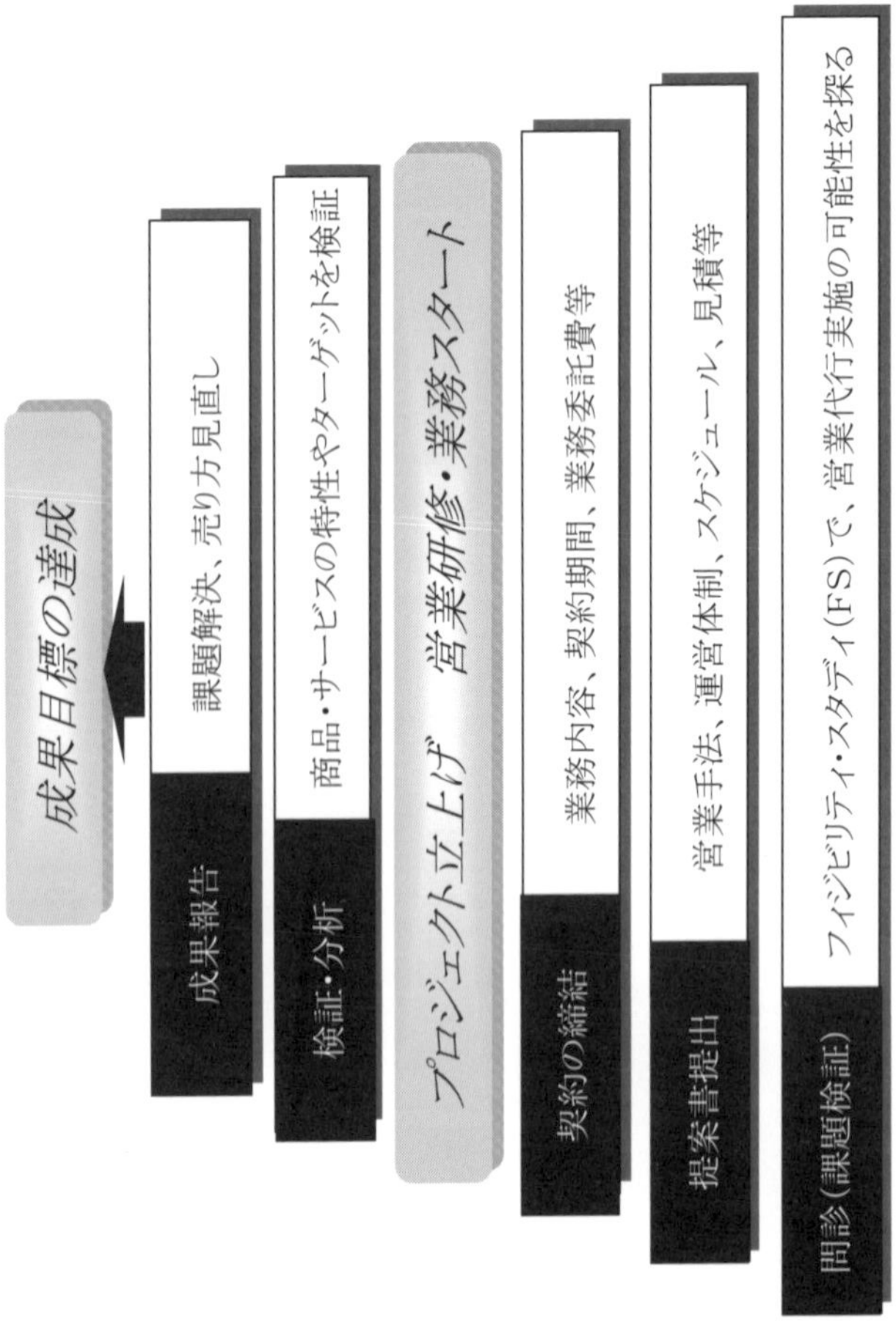
問診（課題検証）
フィジビリティ・スタディ（FS）で、営業代行実施の可能性を探る
提案書提出
営業手法、運営体制、スケジュール、見積等
契約の締結
業務内容、契約期間、業務委託費等
プロジェクト立上げ　営業研修・業務スタート
検証・分析
商品・サービスの特性やターゲットを検証
成果報告
課題解決、売り方見直し
成果目標の達成

2　営業代行の拡大モデル

試し営業から営業代行へ

フェーズⅠ（図表10参照）は、１エリアの１ブロックで、試し営業を実施する売り方の試行錯誤の時期です。

そのような1時期はマーケティングの初期段階にかならずあります。

期間は３～４ヶ月です。

ここで売り方を見つけ営業戦術として決定できれば、営業スタッフの増員をはかるフェーズⅡに入ります。

10～30人くらいの戦力アップが必要です。

フェーズⅡは実効的な売上の拡大につながる営業活動の実施です。

フェーズⅡでは営業ノウハウに、プロジェクトノウハウを付加して拠点運営モデルをつくります。

それがフェーズⅢで全国展開モデルに発展します。

通信会社各社間の〝マイライン〟獲得競争は、その後半、まさにフェーズⅢの状況でした。

【図表10　営業代行の拡大モデル】

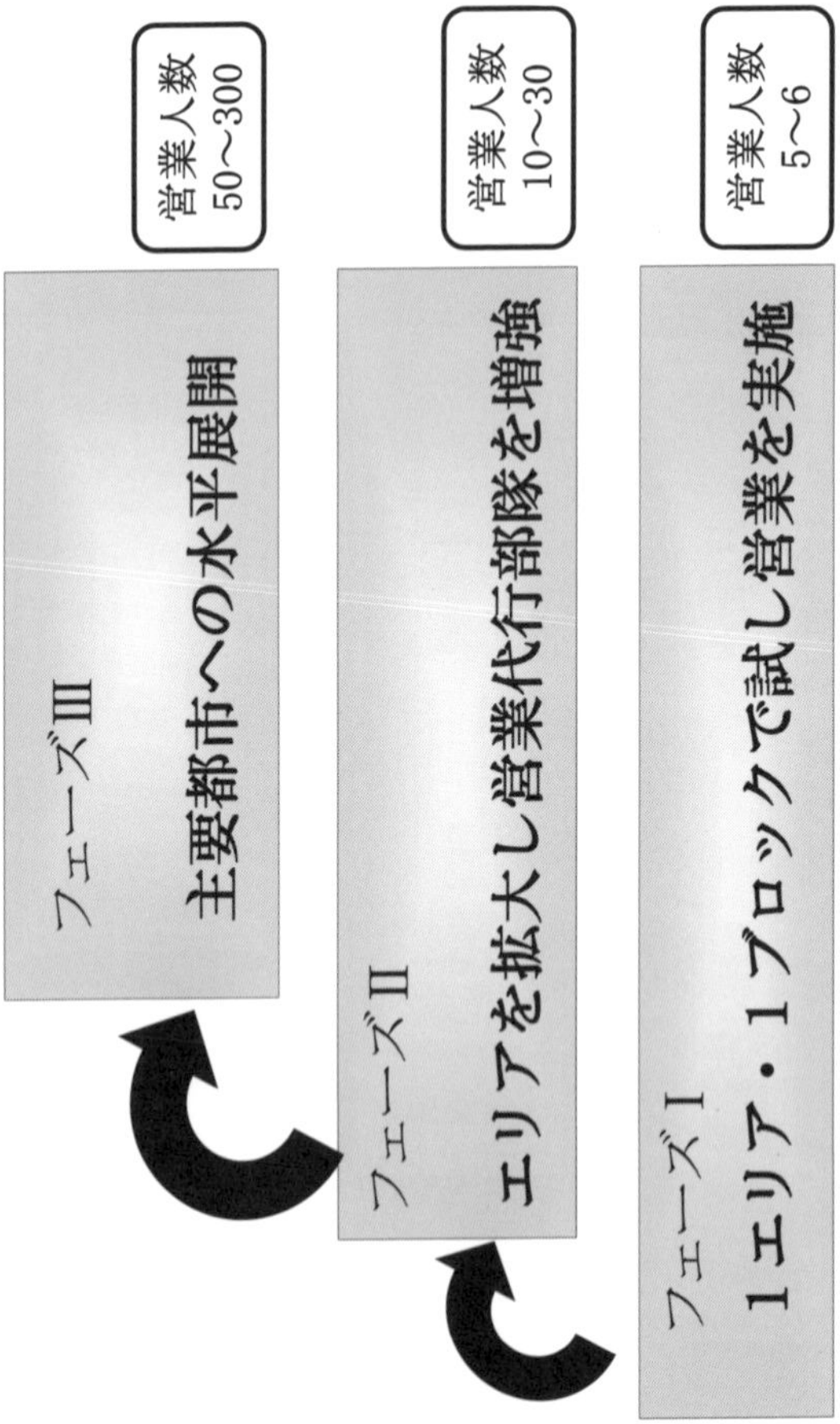

3　契約は業務委託

業務指示はすべてＳＶを通じてやる

営業代行は業務委託契約書を交わしてスタートします。営業代行会社は委託会社と営業プロジェクトの実施細目をつめて、業務委託契約書を交わします。具体的には契約期間の設定、営業代行の活動内容、成果物の数値目標、業務委託料金などが記入されます。契約が締結されれば営業代行プロジェクトは、契約期間内に成果を出すための営業活動を開始します。業務遂行上の営業スタッフへの指示命令、労務管理は、営業代行会社のＳＶ（営業プロジェクトの現場責任者）が直接マネジメントします。なぜなら営業代行プロジェクトの営業スタッフは、営業代行会社と雇用契約を結んでいるのです。

業務委託契約は業務を受託した企業の責任のうえに成立しています。営業スタッフへの業務の指示・命令を含め一切の示達は、営業代行会社のＳＶがしなければならないことになっているのです。委託会社の社員が直接、営業プロジェクトのスタッフに指示・命令することは違法となります。そのため委託会社担当者はＳＶに指示、要望を伝えることになります。そして、プロジェクトの進捗の報告、相談は、ＳＶを通じて委託会社担当者にすることになるのです。

営業プロジェクトへの指示伝達は、ＳＶをからめてやることが必須の条件です。

【図表11　業務委託】

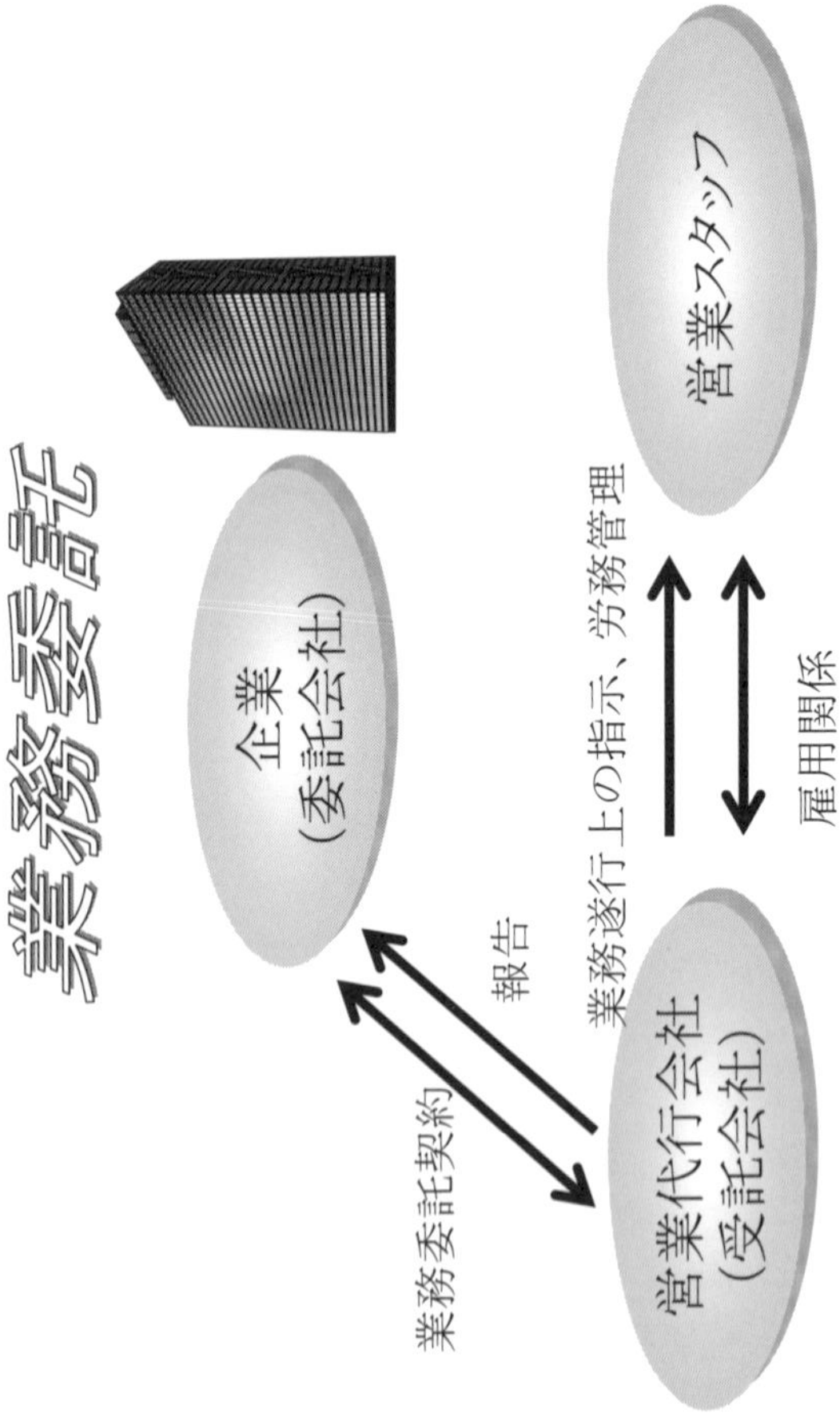
業務委託
企業
（委託会社）
営業スタッフ
業務遂行上の指示、労務管理
雇用関係
報告
業務委託契約
営業代行会社
（受託会社）

4　運営体制はＳＶ（現場責任者）を中心に動く

プロジェクト内容に合わせて機能別チーム編成

営業プロジェクトは、ＳＶを中心に運営されます。

そして営業プロジェクトは、規模の大きさに合わせて機能別に部隊を編成します。

たとえば訪問営業チーム、電話営業チーム、データ管理チーム、事務処理チームなどです。

このチームはさらに細分化されることもあります。

運営については委託会社とのコミュニケーションが極めて大切です。

営業活動は、実施中の毎日刻々と変わる状況に対応して、的確に判断しなければなりません。

委託会社とＳＶの報告ミーティングは、１ヶ月目は毎週実施します。小刻みな検証は不具合、問題点を早期に発見します。

２か月目は２週に１回、３か月目は月１回のペースで行います。しかし、営業現場からは唐突に、営業方針に反する判断を求める案件があがってくることがあります。

例外適用を求める案件です。

それも、お客さんを巻き込んだトラブルで、トラブル報告から処理までに早急な判断、処置が求められるケースです。

そのような際は、日頃から委託会社の営業と良好なコミュニケーションがなければ、スムーズに処理できません。まさに常日頃からの委託会社とＳＶの連携一体化は、大切なインフラ条件です。委託会社への報告、協議、改善の取り組みは、成果の出る効率運営につながります。ＳＶの業務はこれらの業務を推進することです。

契約営業スタッフは１人１企業の経営者

営業プロジェクトの構成メンバーは、営業代行会社の正社員と契約社員との混成です。営業代行は、この混成部隊をどうコントロールするかによって営業成果に大きく影響します。最近の営業代行の契約社員には、少し理想が高いと思われますが、次のような要望をします。プロジェクト発足の段階で、契約社員のプロジェクトメンバーは、一人ひとりが自立した自己組織（個人会社）の集まりであることを理解してもらうのです。

つまり契約社員メンバーは、前提として１人１企業の経営者として営業活動をし、責任ある行動と、自らを自律コントロールして目標予算を達成する営業スタッフになってもらいたいのです。営業のフリーランサーに成り上がってもらいたいのです。

プロジェクト開始当初のＳＶは、教育訓練の能力と関係部署とすでに人間関係のある正社員メンバーを選任します。これは、営業プロジェクト立上げ時、業務をスムーズに推進していくための基本条件となるからです。

【図表 12　運営体制】

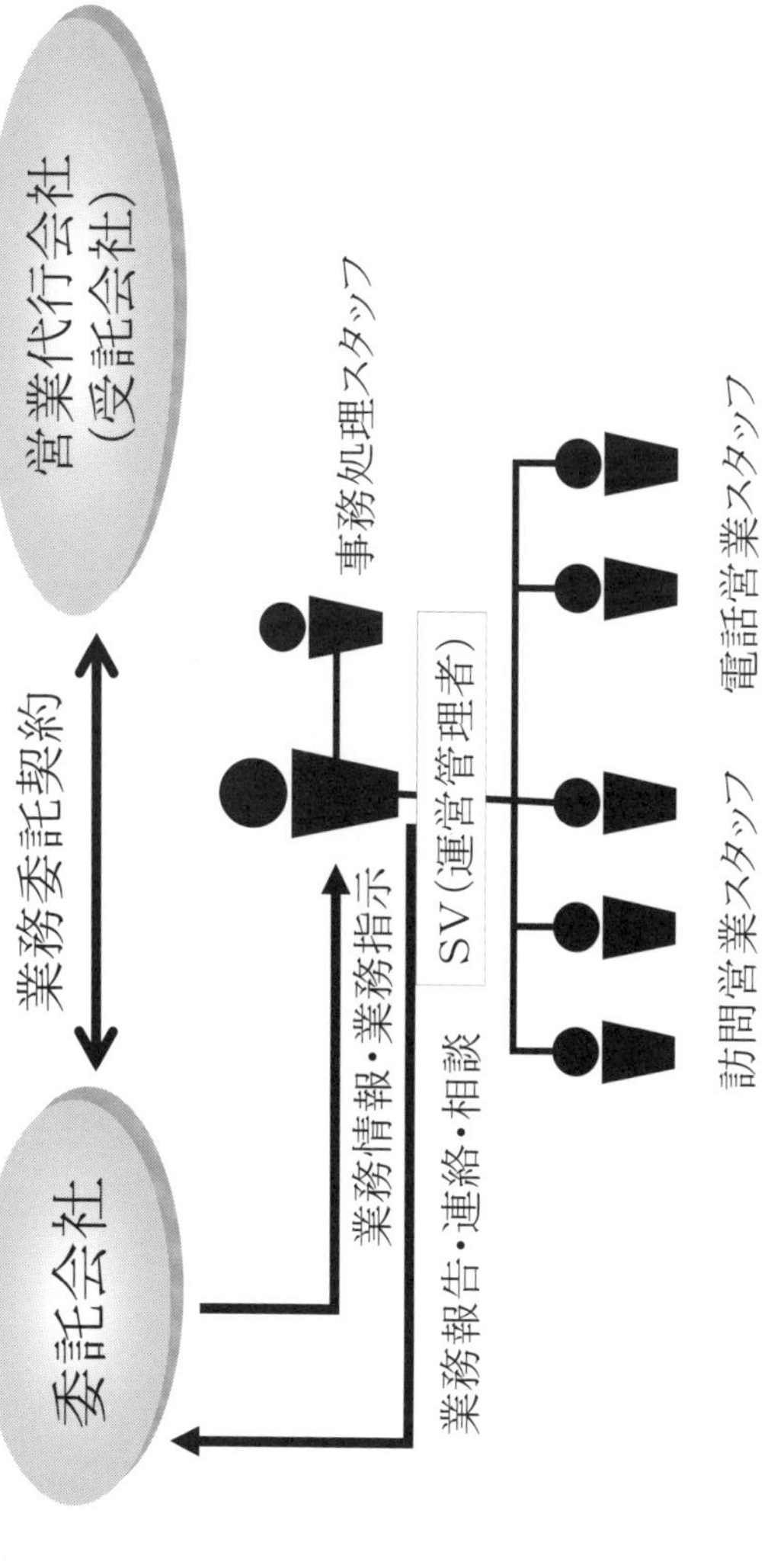
営業代行会社
（受託会社）
業務委託契約
委託会社
事務処理スタッフ
SV（運営管理者）
業務情報・業務指示
業務報告・連絡・相談
電話営業スタッフ
訪問営業スタッフ

5　営業代行会社の選び方

担当ＳＶはマネジメント能力があるか

営業活動は人間の集まりの中で運営されます。

誰がリーダーを務めるかによって活動の中身は大きく違います。誰をリーダー（ＳＶ）にするかの選定は、活動を成功させるか、失敗に終わらせるかの重要なキーファクターになります。

業者選定をする際には、発注する前に予定されているＳＶ担当と面談する必要があります。

そこで人物なり、マネジメント能力を見きわめてください。

この人材選定が試し営業を成功させる80％の鍵をにぎっています。

売り方の仮説手法、実施時期・期間は適切か

新商品には新発売の時期があります。既存商品・サービスであれば販売促進キャンペーンのタイミングがあります。春夏秋冬、それぞれの商品・サービスの特性に合わせた営業強化の時期があります。試し営業の実施時期・期間は、それをふまえて設定します。

つまり商品・サービスの発売、本番時期に合わせて、事前に仮説の売り方を試してみるのです。

そして検証、見直しの中から実践的な売り方を見つけるのです。前もって営業の売り方をマーケッ

トで実験してみるのです。

有効な売り方が見つかれば、営業幹部や営業スッタフに理解していただき、疑念のない状態で一気に全国展開します。試し営業の実施フローは営業代行の業者選定、営業プロジェクトの編成、仮説営業の実施、見直し、そして新しい売り方を決定し、それを全営業スタッフに周知させて本番営業がスタートするのです。このことが試し営業のスタート時期、実施時期は営業本番スタートの時期から逆算して設定しなければなりません。

信頼できる営業代行会社は、この工程管理が的確に提案できる会社です。

営業代行会社に仮説を設定する能力があるか

さらに重要なポイントは、売り方の仮説内容です。やはり仮説内容が成果につながる売り方としてあぶり出されていなければ、試し営業の価値は半減します。そのため課題解決に向けた論点、問題点がぶれていないか十分検討する必要があります。

仮説設定がピントはずれであれば、期待した成果も得られません。営業部内の発想力、企画力、問題解決に秀でた感性を持っている人材に参画してもらい、仮説案を練り上げなければいけません。

ここは人数ではなく、人材の質が問われます。

営業組織には、声をあげてはいないが問題解決の腹案をもっている人材が必ずいるものです。

意外な人かもしれません。そのためにも抵抗感のない、意見の言いやすい環境を用意し、営業現場から吸い上げる仕掛けをつく必要があります。意外にこの試みは実践されていません。この試みは捨て置かれ、いつもの環境適応していない古臭い手法をそのまま継続しているのです。問題点、課題ははっきりしていますが、その原因の解明や、課題解決の方法がどうしても見つけられない場合は、営業代行会社に相談するのも手です。課題解決の仮説設定は極めて大切な試みです。営業代行会社の選定基準は、この仮説を委託会社の現場から抽出する能力を持っているかどうかです。

結果に対して委託企業と代行部隊が共有できるか

営業活動の成果は、事前に具体的な目標や仮説を設定し、その達成度合いによって判断します。定量目標の場合は、数値目標の達成度合いを持って成否を判断します。

定性目標の場合は、まず仮説を設定し、調査活動によりその商品・サービスや調査案件に対する実態状況、興味の度合い、好き嫌いの濃度、意見、要望などの調査項目を一定量収集します。

その後、情報提供者の年齢、性別、店舗であれば立地特性、規模などを参考にしながら、対象に対して想定した仮説や基準との差異、傾向、気づきなどを文章であぶりだします。

定量にしろ定性にしろ、何のための試し営業なのかがはっきりと定義されていないと、満足した結果は引き出せません。また活動途中で目標を変えてしまっては、時間と経費の無駄づかいになります。そのためにも、委託企業と営業代行部隊で事前に目標を共有しておくことは、ぶれない試し営業をするうえで大切な要件です。

第5章　営業代行の特性

1　オーダーメイドの売り方を創りだす

依頼企業の意向に合わせて受注

営業代行から生まれてくる営業課題は、各社各様でどれ1つとして同じものはありません。各企業がもつ環境、人材、組織、技術、理念、戦略などがからみあって千差万別です。

営業代行はおのずと依頼企業の意向に合わせたオーダーメイドの受注にならざるをえません。

そのため営業代行会社は、営業代行プロジェクトを受注する前に、ＳＦ（フィジビリティ・スタディ）という問診ステージを用意します。ここでお客さんの課題の主旨が何で、この課題をどうしたいのかを聞き出します。また課題が生まれた背景や因果を聞き、課題解決につながるシナリオが描けるか判断します。ＦＳ（問診）の中から、実施の可能性を判断するのです。

その結果、成果を導き出す方法がどうしても見つからず、案件を断るケースもあります。

課題解決の答えは、マーケットという現場の中にある

営業代行はこの課題解決の手法を見つけるために実施することもあります。営業は人と人のつながり、営みから生まれるビジネスです。どうしてもやってみなければわからない部分というのが出てきます。

そしてやってみると、その何かが見えてきます。解決の糸口が必ず見えてきます。市場の声が聞こえてくるのです。

これは、洋服をオーダーメイドするときに似ています。スーツなのか、ドレスなのか，フォーマルなのか、カジュアルなのか、他に色、形、デザインなど様々の要望、注文があります。それを聞き取り整理して、お客さんがどんな洋服をつくりたいのか、注文内容をはっきりさせます。

あるいは医師の問診にも似ています。体のどの箇所が、調子悪いのか。内臓なのか、頭、目鼻、皮膚なのか、心なのか、熱はあるのか、ないのか、などを聞きだし患者の病気を調べて、それにあった治療をします。その際、問診だけでその病気の原因がはっきりしない場合はレントゲンやＣＴ、ＭＲＩを撮って、より精密に検査をします。

これにより病名を確定するケースも多々あります。しかし、これから導き出される病名は、ある意味では仮説なのです。そしてその仮説を前提に治療が実行されるのです。

仮説検証のための試し営業

営業代行はこのような仮説をオーダーメイドの売り方で実行し、仮説が正しいか検証します。その結果として実践的なオーダーメイドの売り方を見つけ出すのです。

あるいは、課題解決につながるリアリティな気づきや、マーケットの声を吸い上げることを目的とすることもあります。

2　営業戦力のパワーアップ

期間を限定した営業増強策

営業部隊を編成するとき、正社員営業スタッフと営業代行スタッフとどちらがベストかといえば、当然正社員スタッフで固めるほうが良いに決まっています。

しかし、現場の営業環境を見ると、安易に固定費を増やす経営手法は得策とはいえません。固定費は最小限におさえ、営業局面に合わせて営業スタッフの人数を増減調節するほうがベターな経営です。それも営業代行スタッフの導入で、5〜6人の増員でなく、20〜30人の増員を念頭に置いた営業力強化を実施する場合はなおさらです。

現在の営業は短期間に成果を出さなければならない

1人か2人増やすという、ちまちました増強策では、短期間に目に見える成果が出せません。太平洋戦争で逐次投入というやり方で、負けいくさを経験したのは記憶に新しいところです。そこで営業代行で一気に増強して成果を出す。しかし、営業代行を導入し一定の成果を出した後は、営業代行部隊は縮小します。数名の委託企業の売り方をマスターしたコアになる営業代行スタッフを残すだけでよいのです。

後日、営業強化戦術を再展開するとき、このスタッフが有効な働きをします。

ここで肝心なのは、役割をきちんと明確にしておくことです。

営業戦略で方向性、営業戦術で売り方を設計するのは、営業幹部責任者、正社員営業スタッフです。

営業代行メンバーは、その戦術にのっとり新規開拓活動を推進し、営業実績をあげる推進パワーです。

これは正社員営業と営業代行のお互いの強みを生かした基本施策です。

しかし、委託会社の要望で営業戦術の策定に関与することを要請された場合、営業代行会社は営業実践で蓄えたノウハウを活かし有効な売り方をひねり出します。

3　営業代行スタッフは営業だけに集中する

正社員営業スタッフは社内での気配りにエネルギーを消耗

正社員営業担当は、会社組織の一員としてふるまわなければなりません。

しかも、時間軸を共にする仲間の社員に対しても、上司と称する幹部の面々に対しても大いに気をつかいます。気持ち良く仕事をし、給料をアップして、できれば出世もしたいからです。これはサラリーマンとしてはごくごく自然な心根です。

しかし、この気配りが大変なエネルギーを消耗させます。

正社員営業は上下左右の先輩、後輩、同僚、上司にあまねく気を配らなければなりません。いわゆる社内営業をやらなければなりません。出世する人間の多くは、この社内営業にたけた人物です。ほんの一部の例外を除いて、この事実は会社人間なら周知の事実です。良い悪いでないのです。上司、幹部も人の子、自分をしたってくれる者を引き上げるものです。その結果、営業上級幹部で作戦立案能力がないのに、社内営業にたけて、上司に取り入るのがうまいがゆえに成り上がった人物も多くいます。

そういう営業幹部を持っている組織は先行きが暗いです。

このように正社員営業担当は、周りへの気配りと、営業の事務処理業務を含めると、個人のエネルギーの6～7割をこれに投入しているのです。そのため、営業活動に投入できるエネルギーは、3割前後ではないかと思われます。

営業代行スタッフは社内営業の必要がない

それにひきかえ営業代行スタッフは、営業活動に専念できる環境にあります。

もちろん営業代行スタッフとはいえ、メンバーの一員としての仲間同士のコミュニケーションや規律の遵守はいうまでもありません。

営業代行スタッフに求められるのは、営業成果であり結果そのものです。そのための営業代行スタッフの特性は、正社員が持たざるを得ない気配りを持つことなく、営業活動に集中できるということです。成果を出すという営業活動本来の目標のために、６～７割のエネルギーを投入できるのです。

正社員営業スタッフと営業代行スタッフが同レベルの新規開拓能力であれば、エネルギーの集中度、営業時間の多さを考えれば、おのずと営業代行スタッフのほうが有利です。

営業代行会社がえりすぐりの営業経験者を集めているかというと、そうではありません。立て続けに成果を出す夢のような営業部隊は、映画のスクリーン上にしかいません。営業代行のメンバーは、ノーマルな営業経験者、営業センスのありそうな未経験者などから編成されます。

その普通の営業スタッフを営業活動に集中させることができるのが、営業代行のメリットです。

4　社員同化現象が起こる

委託企業の社員に〝なりきる〟

営業代行は企業の営業活動の一部分を代行します。

正確に言えば、営業代行会社の営業スタッフが、委託企業の営業スタッフになりかわり営業活動をするのです。このとき、営業代行の営業スタッフのポイントは〝なりきる〟ということです。

委託企業の営業担当者になりきって「私は○○企業の山田です」（各人は顔写真入り業務委託証明カードを持っている）といいきらなければなりません。そのとき、躊躇して自然に企業名と自分の名前が言えなければ、相手に不信感を抱かせます。

そのためにも、自然にサラッと言えるよう、口慣らしはもとより、商品・サービスの商品知識を固めなければいけません。

委託企業の企業理念を十分理解する

なりきる根拠となる基礎知識を身につけ、商品・サービスに自信を持つことにより、委託企業に愛着をいだくようになるのです。

これは営業スタッフが最初に成し遂げなければならない必須の条件です。スポーツでも恋愛でも最初は、片思いから始まります。自分が好きにならなければ、本気になれないしおもしろくもない。

委託会社の社員と同じ雰囲気をかもしだす

当然のことながら長期に営業代行を実施すればするほど、営業手法が熟達し、商品・サービスの特性をより一層理解するようになります。そうなると、委託企業の営業スタッフと同等レベルまで、営業戦略の方向性、経営理念の意味まで理解を深めることになります。

これを私は社員に同化するといい、社員同化現象と呼んでいます。

〝なりきる〟という1つのキーワードが、バーチャルスタッフを委託企業の正社員と同等レベルの理解、感性まで引き上げるのです。

営業代行スタッフが自分のこととして行動する

なりきって行動すると他人事ではなく、自分事として行動してしまうのです。代行としてではなく、自分のこととして自分の意思で行動、営業するのです。この感性は、行動する者にとって素直になれる感性です。これは営業スタッフに求められるヒューマンスキルの中で、一番求められる能力です。

営業スタッフが商品・サービスを提供して購入者を喜ばせられるのは、自分も購入者から喜びをもらえるからなのです。

〝なりきる〟ことは、〝なりきる〟ことによって何かもう1つのパワーをもらえるのです。

5　これはという営業代行スタッフは採用して囲い込め

営業活動で営業スタッフの能力、人柄を見定める

委託企業の営業責任者は、営業代行の活動状況を客観的に観察します。

そして成果に直結する有効な売り方があれば、自社の営業部隊にもやらせます。

いいとこ取りですが、営業代行ビジネスでは当然のアクションです。

さらには営業代行メンバーの中で、これはという優秀な営業スタッフがいたら、この人材を正社員として採用したいと営業代行会社に打診することができます。

もちろん、営業スタッフ本人の承諾と、若干の手数料（営業代行会社は、普通、有料紹介事業の認可を受けている）が必要ですが、採用を前提に話を進めることができます。

営業代行プロジェクトの中から、このようなステップをふんで正社員採用をすることは十分可能です。

営業スタッフを採用する際、短時間の面談だけで人なり、営業能力を見定めるのは至難のわざです。

その点、営業代行メンバーからのスカウトは、普段の営業活動で見ることのできる営業能力、人柄など、面談だけでは到底判断のできない普段の人物像をつかむことができます。

また、営業スタッフ本人にとっても、仕事を通して商品・サービスはもちろん企業体質、文化、風土、委託企業の営業組織の実態を事前に知ることができます。

さらには、正社員の営業構成メンバーの人なりを事前に知ることによって、入社後の自分をイメージできます。

これによって入社、採用のミスマッチも防げます。

採用はじっくりと人物を見定めてから

薩摩藩の殿様、島津斉彬公が勝海舟に話した逸話で、西郷隆盛を御庭番に登用した際に、

〝人を用いるには急ぐものでない〟

といったということが幕末の幕臣、勝海舟の語録集『氷川清話』に載っています。

人の採用、採りたては、じっくりと人物を見定める慎重さが肝心だということです。

営業代行の特性

以上、営業代行の特性は次の５つにまとめることができます。

１つ目。ＦＳによって現状実態、問題点、方向性を問診することによって、問題解決のためのオーダーメイドの仮説の売り方を見つけ、それを試し営業プロジェクトとで実際に検証することができるということです。

２つ目、拡販のタイミングに一定期間、営業職を増強して営業戦力をパワーアップすることができることです。

３つ目、営業代行スタッフは、企業の正社員が日常かなりの時間をついやしてやっている社内営業をやる必要がないので、営業活動に集中できるということです。

４つ目、営業代行スタッフが委託企業の営業担当に〝なりきる〟営業スタイルをとると、委託企業の営業社員と同じ雰囲気をかもしだす社員同化現象が起こるということです。

５つ目、日頃の営業姿勢、営業能力、人間性を観察して、有能と思はれる営業代行スタッフは、正社員として囲い込めということです。

このような特性は、営業代行スタッフのモチベーションを強く刺激します。

【図表 13　営業代行の特性】

1　オーダーメイドの売り方をつくりだす

・委託企業の問題解決に合わせ、プロジェクト内容と運営体制をつくる

2　営業戦力のパワーアップ

・拡販のタイミングに営業職を増強する

3　営業代行スタッフは営業だけに集中する

・社内営業やらず、訪問営業のみに専念する

4　社員同化現象がおきる

・委託企業の営業スタッフになりきる営業スタイル

5　これはという営業代行スタッフは採用して囲い込め

・有能な営業スタッフは正社員へ

第6章　営業代行を成功させるポイント

1　勝つも負けるもSVしだい

誰をSV（現場責任者）にするかが勝負

戦いの名言として、〝勝つも負けるも大将しだい〟という言葉があります。

誰が現場を仕切るかによって、結果は全然違ったものになるということです。まさに戦い、いくさ、営業活動にもこの言葉があてはまります。

現実の事例として気づかれていると思われますが、不採算の支社があった場合、有能な支社長を入れかえるだけで一気に支社の雰囲気は変わります。営業スタッフの行動もイキイキし、成果続出ということが起こります。営業現場では日常茶飯事にみられる現象です。

政治でも同じです。私は自分の人生で、一度も政治家ですばらしいリーダーシップを発揮して、日本国の発揚をもたらした人物を見たことはありません。反対にダメな政治家の見本は、目をそむけるほど見てきました。最近の日本にはマスコミを含め強いリーダーシップを嫌う風潮があるのかもしれません。

企業活動は成果を出してナンボの世界。企業活動においては支社長、営業本部長、社長などが、成果を出した事例をあげれば数限りなくあげられます。

格言に〝一匹のライオンが指揮する一〇〇匹の羊は、一匹の羊が指揮する一〇〇匹のライオンに勝る〟というのがあります。

2　リストの精度は成果につながる

精度の高いリストは絞込みから生まれる

リストの良し悪しは、大きく営業活動に影響します。

営業訪問については、リストのあるほうが有効訪問率は高くなります。

クロージングについては、リストの有無だけでなく対象商品・サービスの特性、消費者のの属性によって成果は異なります。

精度の高いリストというのは、対象商品・サービスを購入したいと思っている消費者をリストアップしているリストです。そんなリストは、そうそう見つかるものではありません。

ですから普通は企業内の既存顧客情報であれば、利用客の範囲で過去の購買履歴から購買傾向を予測して見込客を絞り込むのです。これから発売する商品・サービスに、関心を持ちそうな見込み客をリストアップするのです。

また、商品・サービス特性にあわせて上場企業、非上場企業、業種、地域範囲、企業規模などさまざまな条件を設定してリスト化します。ただやみくもに、営業アプローチするより、複数のデータベースからターゲットを絞り込むのです。

条件設定をして絞り込まれた見込み客リストは、営業効率をふまえたツールになります。

営業代行の実践で見えてくる数値

飛び込み訪問する場合、訪問効率は中小企業と大企業とでは違います。

中小企業の場合、これまでの営業代行の実践数値から割り出すと、リストありの有効訪問率は、20〜30％。リストなしの有効訪問率は、10％以下。大手企業への飛び込み営業は極めて難しく担当者に会えません。

地方金融機関の会員リストによる拡販事例

この金融機関は、自動車保険の拡販強化のために営業代行を活用しました。

営業ターゲットは法人会員メンバーでした。

営業代行の活動内容は、会員企業へ飛び込みで直接訪問し、保険パンフレットのＰＲをしました。その後で金融機関の営業スタッフは、ＰＲスタッフの訪問済み会員企業に、関心度合を確認する電話を入れました。電話の感触で見込み客と思われる企業は、営業スタッフが直接訪問しクロージングするのです。

ここで特記すべきことは、ＰＲ活動の有効訪問率が80％だったことです。リストが会員メンバーリストだったということが、このような驚異的な訪問率につながったと思われます。

このＰＲ活動は、既存顧客の深耕開拓の大切さを強く感じさせられた案件でした。金融機関営業スタッフによる有効訪問受注率は、30％強というすばらしいものでした。

リストにもとづく、電話でのアポイント営業

ＴＥＬアポイントの確率もリストの精度、内容によって大きく違ってきます。

ＴＥＬリストに事前に担当部署、担当者名、役職が調べてある、さらに有力者の紹介リストであるとなればアポイント率はかなりアップします。これらはＴＥＬリストをつくる際に準備しなければならない情報内容です。

有効なリストをつくることは大変なエネルギーを必要とします。しかも最近は、個人情報の管理が厳しくなり、個人情報の入手も難しくなりました。

さらにＴＥＬアポイント率は、電話をかける側の企業知名度や、誰が電話をするかによっても大きく影響します。法人のアポイント率は、リストに対して10％が目安です。

リストづくりは、ターゲット攻略のシナリオ設計にも通じる重要な営業活動です。営業効率を考えれば、成果につながる有効なリストづくりは、ターゲット攻略のための営業準備でもあります。

営業活動の成果はリストの精度と比例する

営業活動の中でリスト準備の比重は、活動の40～50％を占めます。

3　勢いは立会いで決まる

緒戦での勢いは、その後の雌雄を決する

〝善く戦うものは、これを勢いに求めて人に責（もと）めず〟（勢篇）と古代中国の兵法家、孫子が２５００年前に言っています。

戦いには勢いが大切です。

ＳＶを中核に、営業スタッフが意識を1つにしてスタートすることは、勝利の流れにつながるのです。

迷いと不安を払拭する

ここで重要なのが、営業代行は委託会社のバーチャルセールスということです。

〝なりきる〟委託会社の営業スタッフになりきって営業をするのです。

さらに営業スタッフに、この営業活動は自分の営業能力の開発と、お客さんの喜びにつながる活動だと確信させるのです。

〝なりきる〟ことの重要さは、研修をつうじて理解してもらいます。

これが営業体の勢いを発生させるみなもとになります。

営業プロジェクトがスタートする際、キックオフ（営業開始の出陣式）を催します。

そこで再度、営業スタッフにプロジェクトの目的、目標達成のセールスポイント、アプローチの営業手法について再確認させます。

そして最後に、皆がパワーを発揮すれば必ず成果が出ると檄をとばします。

営業スタッフのエネルギーを行動量をともなった勢いに向けるのです。

キックオフのステージはいろいろな工夫をして、営業スタッフが盛り上がる雰囲気を演出しなければいけません。

なぜなら何度でも言いますが、緒戦の勢いはその後の成果に大きく影響するからです。

戦い、いくさは集団でやる真剣勝負です。

営業部隊の気持ちの高揚を、どう演出し続けるかは重要なテーマです。

4　日頃のコミュニケーションがトラブル解消の肝

運営マネジメントはまず人間関係づくりから始まる

営業プロジェクトを円滑にすすめるためには、プロジェクト内のマネジメントだけでなく、委託会社スタッフとの人間関係が大切です。営業プロジェクトを推進していくと、どうしても何らかのトラブルが起きるものです。トラブルはお客さんとの間で起こるケースもあれば、プロジェクト内で起こることもあります。さらには委託会社スタッフを巻き込んでのトラブルになることもあります。

そのような状況のとき、日頃のコミュニケーションをベースにした人間関係ができているかどうかが大きな鍵になります。

人間は感情ある動物です。気持の持ちよう、意味の取りようによっては、1つの言葉、出来事が様々な誤解を生みます。潜伏期間が長ければ、それが何かのきっかけで一気に噴出する最悪のドラマを生むことがあります。このようなことが起こらないためには、まずSVと営業スタッフとのコミュニケーションが大切です。

日頃から委託会社スタッフと良好な関係をつくっておく

お互いにプロジェクト運営上の情報を共有し、両者の意向を確認、整理しておかなければなりません。トラブルが起きた際、共に協力してスピーディな対応処置ができるからです。

5　営業力アップは毎日の指導でつくる

人材の育成は時間がかかる

営業力アップは毎日の指導によって身につくものです。

営業スタッフの能力は十人十色で、長所も短所も様々です。このように一人ひとりが違う営業スタッフを、一律の方法では教育できません。

営業は１人一様の育成の仕方が違う

営業スタッフの育成は、各人その特性にあった方法で教育するのです。

毎日、営業活動の報告会、朝礼の時をとらえて一言、改善ポイント、良くやったコメントを言ってやるのです。１人ずつ声をかける必要があります。

毎日のこの小まめな指導が、個人に合ったペースでジワーッと営業力をアップさせていきます。

ＳＶは最初に決意しなければなりません。営業スタッフ全員の営業力を伸ばすことを決意するのです。黙って傍観しているだけだと、営業力は伸びない。伸びたとしても長い時間がかかります。

ＳＶは営業スタッフ各人の現在の営業力を見定め、改善ポイントを見抜き、本人が気づくように指導しなければなりません。

営業スタッフ本人の意識の持ちようによって営業力が決まる

営業スタッフ本人の自覚と気づきは、成長への転換点であり、起爆剤にもなります。

これをふまえ優秀な人材は積極的に登用し、適切な部署に配属させ、レベルアップした特命ミッションを課します。

営業スタッフの営業力アップの鍵は、ＳＶがにぎっている

伸びるも伸びないもＳＶしだいです。

ＳＶの指導は、営業スタッフのハートをつかめるかどうかにかかっています。

〝士は己を知るものの為に死す〟

司馬遷の「史記・刺客・予譲伝」で言っています。

そのためにも営業教育の果たす役割は、大きなものがあります。

営業教育は、ＳＶと営業スタッフの信頼関係をつくるためのものでもあるのです。

営業代行の土台は、営業教育にある

営業教育なくして、営業代行は存在しない。

そこで、筆者が営業研修で教える〝営業とは何か〟を簡単に説明します。

〝営業とは何か〟は３つあります。

⑴　営業は、お客様を喜（満足）ばせるビジネスである。

⑵　営業は、自分自身のすばらしさを発見する場である。

⑶　営業は、科学的手法にもとづいたゲームである。

(1)は〝なぜ自分は営業活動をやるのか〟を考えてもらいます。

(2)は〝営業という職業は自分にとって何なのか〟を考えさせます。

〝営業は、お客さんを通して自分自身を反省、見直すと同時に、自分自身の頑張り、すばらしさを発見する場なのだ〟ととらえるのです。

そして「成果を出すことは、お客さんと喜びを共有し、営業スタッフとしての達成感、充実感を味わい、自信につながっていく」と考えるのです。

さらにそれを積み重ねることは、人生を楽しむことに通じると考えます。

風呂敷マーケティングの実践

営業はお客さんと対峙、対立するのではなく、自分という大風呂敷の中にお客さんを包みこむことだとイメージします。

すべてのマーケティングは、このイメージから始まります。

まさに〝風呂敷マーケティング〟の実践です。

中心軸は〝楽しくなければ営業ではない〟という発想がベースにあります。

(3)は、営業はゲームであることを説明します。

営業は目標が設定され、時間内で成果を競う、スタートと終わりがある一種のゲームなのです。

ですから、営業スタッフは、営業期間を〝なりきる〟という能力を武器にして、目標管理力、情報収集力、状況判断力を駆使して営業ゲームを楽しむのです。

営業は年間、四半期、単月ごとに売上、利益予算が設定されています。

この予算をどう達成するかは、営業スタッフが営業ゲームをどう楽しむかということに通じるのです。

営業代行プロジェクトは、こんな営業の基本研修からスタートします。

6 運営上のリスクヘッジ

不正を起こさない環境づくり

営業プロジェクトは、目標数値の達成に向けて活動します。

営業スタッフは、成約件数という成果を追いかけます。

しかも活動期間が限定されているため、毎月の予算達成の重圧がのしかかってきます。このような営業環境は、全企業の営業部が宿命的に持っている現実です。営業スタッフも人間であり、弱い部分を持っています。

まれに、ついつい不正を働いてまでして、売上をつくる者がでてくることがあります。

たとえば、不正申込書の偽造などです。お客さん本人が申し込んでいないにもかかわらず、勝手に申し込まれていることがあります。これは本人でない第三者が、不正な申し込みをしたのです。

どうせ、すぐわかってしまうことなので、そんなことをしても意味がないじゃないかと思われますが、実際には起こってしまいます。

残念ながら、営業代行プロジェクトでも何回か発生しました。人間の持つ弱さをついて魔がさすのです。営業組織としては、何としてもこれを防がなければなりません。

予防対策としては、まず営業スタッフが不正を起こさない環境づくりが大切です。

リスクヘッジ防止の基本は、営業同士のコミュニケーション

毎日の朝礼、終礼の中で、お互いの営業活動を報告しあうのです。営業スタッフを孤立させてはいけません。この情報共有の場の環境づくりはＳＶの役割です。

人間というやっかいな、いや素晴らしい動物で組織されている営業部隊を、健全に維持することは生やさしいことではありません。

誰にでもできることではないありませんが、その適性を持っている人も確かにいます。そういう人に、ＳＶをやってもらうのです。

再確認するチェック体制をつくる

もう１つは、オーダー処理のしくみとして、申込書の受付処理をする前に再確認するのです。

事務処理担当が電話で、申込者本人にお礼の挨拶をかねて、申し込みの再確認をするのです。これによって、ほとんどの不正は事前に発覚します。

不正防止のためには、この他にもあらゆるリスクヘッジを整備しなければなりません。

契約社員の正社員化

その方法の1つに、できる契約社員は正社員として採用することです。営業プロジェクトメンバーは、営業代行会社の社員と、募集で集めた営業スタッフ（契約社員）で編成されています。チームリーダーは、正社員の営業スタッフが配属されます。

募集で集まってきた営業スタッフは、営業活動の前線で活躍します。営業チームは、営業目標に向かって一体感を持って営業をします。

しかし、どうしても正社員営業スタッフと期間限定の営業スタッフとの間には、目に見えない壁があります。活動内容は同じですが、本気になればなる程、その違いが気になってきます。そんなことからヤル気喪失、退社など後向きの行動に変わっていき、最悪の場合、事故を起こすケースにつながるのです。

このようなことが起きないリスクヘッジが必要です。

その方法の1つとして、募集で集まった営業スタッフでも、頑張って成果を出し、成長の見込みのある者は正社員にする制度をつくることです。最初は契約社員として参加しますが、成長ぐあいを見て正式に正社員になってもらう。そんな営業スタッフは、営業プロジェクトでチームリーダーとして活躍してもらいます。まさに責任感、連帯感を共有する仲間になってもらうのです。営業スタッフに限らず技術職、事務職でも、頑張って成果を出す人材は積極的に正社員に登用するのです。それより何より伸びようとする人材、組織を、より伸ばしてやることは、世のため、人のため、天の理にかなっていることです。

各業界の営業専門家を採用する

今後の営業代行ビジネスを考えた場合、各業界の営業専門家を正社員として受け入れる必要があります。ここでいう専門家は、業界ごとの営業ノウハウ、業界独自の特性を熟知している実務スペシャリストのことです。年齢は関係ありません。

必要なのは各業界、各種プロジェクトに合った売り方を設計でき、実績がだせる人材であるかどうかです。こういう人材は、業界特有の営業上のリスク対策にも精通しているはずだからです。

営業代行は、お客さんの営業部を喜ばして〝なんぼ〟のものです。

〝花より団子〟、実績、成果の出せる売り方が求められます。

1人で売り方を設計し、かつプロジェクト運営ができればベストですが、専門性がある人材ならばそれはそれでかまいません。

こんな人材が営業代行会社の中に、業界ごとにラインナップされれば繁盛まちがいなしです。またプロジェクト運営に関しても、業界の盲点をついた不正防止に貢献してくれるでしょう。

7　情報保護厳守は体にしみ込ませろ

定期的に情報保護研修を実施する

オーダー受注票は、まさに外部にもれてはならない個人情報が書き込まれています。取り扱いには特に注意を払う必要があります。

しかし、慣れというものは恐いものです。最初は緊張感を持って取り扱っていたものが、時間がたつにつれてだんだんと薄れてきます。その結果、個人情報満載のオーダー受注票紛失という事故を引き起こしてしまうのです。大トラブルです。後向きの行動は、攻撃エネルギーの三倍を費やします。これを防止するために、営業プロジェクトスタート前の営業研修では、営業スタッフに情報保護の重要さを繰り返し理解させます。

毎日、朝礼の発声を継続する

またＳＶは、顧客データの取扱責任者を任命し毎日チェックさせます。そして毎日、朝礼時に全員で情報保護厳守、注意喚起の発声をさせます。毎日の継続的な発声が、個人情報の重要さを見直させて、気の緩み防止につながるのです。さらには定期的に情報保護の集合研修を実施し、個人情報保護の重要性を営業スタッフにしみ込ませます。

8　監査チームがプロジェクトを回る

現場の監査は、プロジェクト外の監査スタッフが行う

ＳＶが管理する複数の営業プロジェクト現場は、営業代行会社の監査チームが客観的にチェックします。ＳＶが健全に現場運営をしていても、どうしても身内に対して贔屓目に判断しているのです。管理があまくなるのです。これが、後でとんでもないトラブルの原因になります。

第三者のチェックは、リスクヘッジに通じる重要な防止策です。特に複数の営業プロジェクトが実施されている場合、この監査制度は事故防止に有効です。

監査チームは定期的にチェックシートにもとづき監査

ＳＶは監査チームにプロジェクト活動報告書を提出し、運営状況を正確に伝えます。ＳＶは現場でかかえている問題があれば、すみやかに監査チームに報告し、早期解決をはかります。

また監査チームはプロジェクト内部のトラブル解決のため、委託会社スタッフとＳＶとの間に入って調整することもある。プロジェクト内部の情報はトラブル、不満というマイナー情報だけではありません。成功事例などのプラス情報も吸い上げます。

この情報は、監査チームからプロジェクト本部に報告され、他のプロジェクトでも共有されます。

9　見落とすな！　トラブルには必ず予兆がある

ＳＶは、日頃から全メンバーと気さくに話のできる関係をつくる

お客さんとのトラブルは、現場の営業スタッフが起こします。

ＳＶは日頃からバックヤードの事務スタッフ、全営業スタッフと、コミュニケーションを密にしておく必要があります。

ＳＶは、メンバーの気になる動きをすみやかに吸い上げる

気軽に声を掛け合う関係をつくっておきます。

そうすると自然と悪い些細な予兆、気配があると、誰とはなしに敏感に感じとって、事前に教えてくれるものです。

これが事故防止につながるのです。

特に事務スタッフは、営業スタッフの日報集計やオーダー受注票の事務処理をしている関係上、日常の営業スタッフの行動をよく見ています。

不自然な兆候を、営業スタッフの何気ない立居振舞い、言動から敏感に感じとるものです。

営業スタッフ仲間同士も、身近にいる者の行動、言動はお互い気にしています。

メンバーの誰がチームリーダーの指示、指導について不満を持ち、誰が勤務態度を含め不自然な行動をとっているかなどよく観察しています。

ＳＶは、情報の集まる風通しの良い信頼関係をつくる

ＳＶは意識して現場メンバーと風通しのいい人間関係をつくり、気楽に話かけられる雰囲気をつくらなければなりません。

また、現場スタッフが自分の周りで何か不自然な動きを感じたら、速やかに教えてくれる関係をつくっておくことが大切です。

これはシステムではなく、常日頃から醸成された信頼関係の上に成り立つものです。信頼関係はＳＶの人間性と日頃の行動から醸成されるものです。

これは不正防止の極めて有効な防止策になります。

そして一旦悪い予兆が発生したら、ＳＶはすみやかに営業代行会社の上司に報告し素早い対応をとらなければなりません。

内容によっては、委託会社のスタッフにも報告し、連携して問題の解決をはからねばなりません。なにしろトラブル対応はスピードが肝腎です。

良好な人間関係にもとづき、予兆を吸い上げ〝先手、先手〟の動きをとることがトラブル防止につながるのです。

【図表14　セキュリティ体制】

1　信頼できるSV（現場責任者）を配置する

2　毎日の情報保護厳守の呼びかけ
・プロジェクトスタート時の情報保護研修

3　定期的にプロジェクト現場の監査をする
・定期的なチェックシート監査と、プロジェクト活動報告書の提出

4　予兆を吸い上げるしくみをつくる
・SVは事務・営業スタッフとのコミュニケーションを密にし、悪い些細な予兆、気配を速やかに吸い上げすばやい対応をとる

5　プロジェクト主要メンバーの社員化
・主要メンバーは社員にし、仲間意識、責任感、リスクを共有する

第7章　生き残りをかけて営業が進化している

社会は激動している

政治は民主党から自由民主党にかわり、景気の流れに大きな変化がありました。

マーケットは円安、株高とリーマンショックから決別したような様相を見せています。

景気が上向いたように見えます。市場の期待感が政権チェンジによって一気に噴き出したようです。

ところで営業部は元気になったのか！　そうでもなさそうです。

業績低迷を続けている企業は数多くあります。

倒産する企業もあれば、M＆Aに活路を見出すもの、国内外を問わず合従連衡に走り、生き残りのアライアンスを結ぶものなど様々な施策をとっています。

そして企業内においては、今なお組織体制の見直し、リストラ、経費削減の嵐が吹きまくっています。

さらには２０１１年3月11日、まさに未曾有の東北地方太平洋沖地震が起こり、多くの人が亡くなりました。そして福島原子力発電所が爆発するという人災が発生しました。

その傷跡はまだ治っていません。

しかし、いつまでも自然や外部環境のせいにはできません。

夜が明けたら、また能天気に朝がやってきます。

朝日が昇れば、動物は生きるために動きはじめます。

人間も生きるために立ち止まるわけにはいかないのです。

企業も同じです。

企業も営業部を中心に、外に市場に働きかけ、生きるために活動を始めなければなりません。

さあ、大震災の事実、現実の社会環境を真正面から受けとめて新しい朝を迎えようではありませんか。

営業は企業のエンジンであり生命維持装置

営業エンジンは健全に機能していますか。

流れが大きく変わったこの時期、営業機能が機能不全であれば経済の荒波に飲み込まれて消えていくだけです。

無策は機能不全を意味し、従来の売り方をそのまま踏襲しているだけの状態です。

この症状を発生させた原因は、営業部の幹部のみならず社長を含む経営幹部の無策にあります。

これは事業運営、経営執行にたずさわる人達の能力の問題であり責任です。

なぜなら、これらの人々は企業の命運を握るマネジメント執行者であるからです。

経営は利益創出という結果を要求されます。低迷状態から脱出し、利益体質の経営に舵をきらなければなりません。

それができなければ、経営幹部は総入替して経営戦略そのものを再構築しなければなりません。

社員、株主、お客さんは経営者の実務能力を冷徹に見ています。

大転換をはかろう

とにかく今までのやり方を変え、新しい動きをとらなければなりません。

営業代行は、企業の営業部に新しい作戦と活力を提供します。

〝すぐやれ〟〝活動量を増やせ〟などの口先だけの命令では成果はでません。

〝急がば廻れ〟です。

新しい動きには、新しい売り方が必要です。

生き残りを賭けた戦いは、営業部が急先鋒を切らなければいけません。

組織の推進エンジンは営業部です。営業部の活動が会社の全機能の中核を担っているのです。

しかも同業他社と真っ向からぶつかり合って、勝ち抜いていかなければいけません。

これは生き抜くことに通じます。

生き抜いているということは、生命体としての根本原理が息づいているということです。

それは、その生命体が生き抜く価値のあるものかどうかを問われることです。

マーケットで生き抜くことのできる企業は、その意味において必ず存在価値を持っています。

その企業はマーケット、消費者が今欲しがっているものを提供しているのです。

それも営業部が中心になって、他社と違った新しい価値を提供しているのです。

1　生き残りのための課題

マネジメントは生き残りを賭けたもくろみだ

ここでは営業を取り巻く市場環境について考えます。

営業活動を実践するには、まず時代の動向を反映するマーケットの実体をおさえなければなりません。

営業活動を推進する営業組織の運営、マネジメントを、時代の視点をもったトレンドとしてとらえなければなりません。

しかもトレンドをおさえたマネジメントは、マーケットの動向にそった成長戦略でなければなりません。

しかし、今、本当に必要なものは、そのマネジメントが成長戦略である前に、生き残りを賭けたもくろみになっているかということです。

生き残りのヒントは、営業活動の前線、マーケットの中にあります。

マーケットをどうとらえるかで、方向性も決まってきます。

マーケットが欲しがっているもの、市場ニーズはたえまなく変化しています。

それに適応した売り方が、新しい仮説として投入されています。

営業環境は、二度と繰返しのない生き物。

営業環境は刻々と変わっていきます。

しかも営業環境は、社会環境に強く影響されます。社会環境はその時々の時代を反映した特徴をもっています。その特徴は、その時代を現す個性でもあります。

生き残りを賭けたマネジメントは、その個性を取込む必要があります。そして市場に適応するであろう仮説を、試し営業で検証し続けなければなりません。

このように生き残りを賭けた営業活動は、営業環境の特性にとけこむことを前提とします。

逆に環境特性を押さえないマネジメントは、昼なお暗きジャングルにさまよいこんだ軍団の末路と同じ悲惨な結果になるでしょう。

営業環境は、時代を象徴する3つの特徴をもつ

(1) イメージにだまされるな！

(2) サイバー社会は、人間性を問いかける！

(3) 際限のない欲望は、ビジネスチャンスを生む！

これらは、頻繁に使われるキーワードですが、この3つは営業、マーケティングを考える際、絶対に押さえなければならない指針です。

この3つの特徴を、課題として考えてみます。

2　イメージにだまされるな

今やインターネットの普及により、世界中の情報が手に入る

インターネットの進出は、今までのビジネス環境を変え、新しいビジネスモデルを数多く世に送り出しています。

ある面では情報の氾濫から生じた新ビジネス、新システムの勃興の時代です。

携帯電話の進化に伴って、ＳＮＳ、ネットビジネス、ネット通販など枚挙にいとまありません。片方で企業や消費者は、膨大な情報量の中で自分の感性、思考、意志にもとづいて情報を取捨選択することをしいられる状況に追い込まれています。

これは一見、情報に対して一方的な受け身にみえます。

しかしそうではなく、時間とともに自らの責任で情報を選択し、その選択によって行動の広がり、つながりをつくり始めているのです。

人間とは、何とたくましい適応力をもった動物でしょう。

企業も個人も方向性、軸をはっきり持て

企業間の活動におきかえれば、数多くの選択肢の中から最良の選択をし、企業間で共通の目標に向って協力し合う動きが出てきています。

通信ネットワークを活かし、情報共有でシナジーを生んでいます。

企業間協力のアライアンスをうまく活かしているのです。

そこでは、価値基準、方向性、企業資産の強みが整理されていることが重要な条件となります。

企業でいえば経営理念、事業方針が、はっきりと明示されていることです。

個人でいえば生きざま、信念、信条、何をしたいのかという方向性、軸がはっきりしていることです。

その判断基準なしに情報の海をさまよえば、間違いなく短時間で方向性を見失う。

そして、自滅し雲散霧消しその存在そのものがなくなるか、ただ〝ある〟〝いる〟というだけの存在になるでしょう。

コンパスと地図を持たずに山登りをするようなものです。

どちらにしても、熱い生々とした充実感を持った存在ではなくなるでしょう。

反面この状況、環境を全面肯定し、ビジネスを楽しんでやろうと思っている人にとっては、既存のビジネスモデルを打ち破るチャンスです。

情報洪水を起こしているマーケットは、まさに時代に合った本物、新しいビジネスモデルの出現を待っているのです。

現代はイメージや錯覚を仕掛けられている

しかし、注意しなければならないのは、この時代はたとえ消費者が判断軸を持っていたとしても、イメージや錯覚を仕掛けられることによって混乱と失意に落し込められる時代でもあるということです。

ネット社会では、発信されたイメージの良し悪しが実績、成果に大きく影響します。

実像よりもイメージによる勘違いや思い込みが、正しい情報の選択を邪魔することがあるのです。

情報量の多さと選択の自由度が、逆に判断に過度の負荷をかけるのです。

イメージは情報に色や臭いをつけて判断を混乱させる

イメージは発信する側にとって重要な戦略要素ですが、受け取り側にとっては最も注意しなければならない〝うそ要素〟を受け取ることになりかねません。受け取り側は、与えられた情報を組合せて自分の頭でイメージし、勝手にわかった気になって判断してしまうのです。

皆さんも通販で洋服を買ったものの、色やデザインが自分でイメージしたものと全く違って返品したという経験があるでしょう。

温泉旅館を予約して気持ちウキウキで宿泊したものの、実際には思った以上に古くかび臭く、サービスも悪く、がっかりした思い出をお持ちの方も多いと思います。

イメージは、良い悪いにかかわらず行動に直結します。

これを意図的に集団心理に伝播するようしくめば、一種の集団ヒステリー現象を起こすことも可能です。ですから、イメージオペレーションは、情報を発信する側にとって、様々な意図を含ます重要なマーケティング戦略なのです。

しかも、そのマーケットの範囲はボーダレスで世界規模になってきています。

進化していく情報洪水のサイバー社会の中で、生き残るということは、いかにしっかりした自分の価値基準を持つかにかかっているのです。

自分の価値基準で正しく判断する

そのためには不自然を不自然と言い切る感性、動物として生き抜くための素早い判断力、直観力をぬいた素直さを磨く必要があるのではないでしょうか。

私達の体内奥深くに眠っている能力を、再び呼び起こす必要があります。知識だけではこの情報、イメージの氾濫をくい止めることはできません。

同時に、この社会環境は今を生きる私達にとって、どう人生を、仕事を楽しむかというテーマを突き付けています。

まさにエキサイティングなステージであるということは間違いありません。

3　サイバー社会は人間性を問いかける

インターネット社会はスピードを要求する

新商品が市場に出ても、その商品の評判が高ければ高いほど、その先行優位性は半年から1年しかもちません。あっという間に、同業他者から同性能の類似品が雨後の竹の子のように出てきます。先行企業にとっては、その新商品の開発にかかったイニシャルコストの回収ができないうちに、後発メーカーが参入するのです。

しかも後発メーカーは価格、性能において優位性をもった商品を市場に投入し、一気にシェアを奪っていく。

しかし、先発メーカーもそれをみすみす見過ごすわけではありません。次の手を打つべく新機能の開発、新サービスの提供をスピーディに打ち出し、消費者の関心維持に努めます。

まさにスピードと成果を要求される21世紀に突入したのです。

スピードと成果主義は、人材の二極化と流動化現象を生み出した

人材の二極化は金でスカウトされる人材と、組織、生産の土台を下支えしている人材です。

土台をささえる人材は、不景気からくる生産調整によるリストラで切り捨てられることもあります。

スカウトされる人材は転職、移動によりさらに能力アップしていきます。

情報伝達のスピードの加速化は、インターネットによる情報拡散の速さだけでなく、この人材の移動、流動化によるところが大きいのです。

そして企業間では資金がものをいいます。

企業買収により企業そのもの、人、モノ、技術、ノウハウを一気に手に入れることができるのです。

そもそも情報と人は一体で、人が移動することによって情報の伝播となり世界の文明は発展してきました。

中国、韓国、台湾、東南アジア諸国で、ずいぶん前から日本人技術者の獲得競争が起こっています。50歳台から定年60歳以上の技術者の需要が高まっています。まさに人材の流出に伴う、技術情報の流出です。

現代は情報の管理がむずかしい時代

情報には、どうでもいい情報、重要情報、機密情報、ノウハウなどがあります。

情報は人に帰属し、その能力を発揮させることによって活かされます。

また、情報はこの属人的要素をもって、人の転職、移動をともなって他組織に移植されます。

これは人の移動にともなう情報の漏洩、企業資産の流失でもあります。

当然、法的な制約を受けることになります。しかし、犯罪にあたるかどうかの判断は、どこまでが属人情報でどこからが企業の機密情報かの線引きが極めてむずかしいのです。

企業は人を大切にするか否かが問われる

こんな背景からも、大手企業では有能な人材が逃げ出さないための対策が打たれています。人材という意志ある個人を、どう組織に根ざし定着させていくかが、企業の今後の重大な課題として浮かびあがっています。

各企業は人を大切にする企業なのかどうかが問われています。

企業は時代の要請として、人材育成という時間のかかるテーマと、スピーディに成果を出すという相反するテーマを同時に持っています。

この時代背景で、相反するテーマを止揚し、社員を大切にする企業の出現が待たれます。人間、従業員を大切にする企業という表現は懐かしさせ感じさせます。

昔、日本の企業は、運命共同体といわれていました。

それがいつのまにか、グローバリズムという経済意思を持ったイメージ情報が、時代のトレンドかのように世界を席巻しました。これこそ経済覇権をもくろむ一部集団の作為にみなぎったイメージ情報による洗脳操作のきわみです。

日本の企業風土に生まれた運命共同体、ライフシェア経営の良さを、もう一度見直す時期に来ているのかもしれません。

また人間、従業員を大切にする会社の出現は、行き詰まった資本主義社会を変革するヒントを提供することになるかもしれません。人間らしい社会をもたらす一歩になるかもしれません。

今後、一人ひとりの従業員を大切する会社は成長するだけでなく、社会から注目を浴びることになるでしょう。

21世紀は本物の人材が、本物として評価される時代

有能な本物の人材は、自分の能力の発揮できる環境を追い求めて簡単に移動します。

一方で個人の持つ人間性、やさしさ、温もりに対して敏感反応します。

人間臭さに飢えているのです。

他人、社会への無関心や閉じこもりの反動から、人間同士の〝きずな〟という結びつきを意識する兆しが生活の根の部分から生まれています。

あたりまえです。

皆一人ぼっちでいるのは寂しいのです。

これは生きている、いや現代を生きのびている自分の心根が、今を一緒に生きている周りの仲間を意識し始めているのです。

人間性、温もりは、サイバー社会を支える合言葉

スピーディに成果をださなければならない世の中だからこそ、反対の要素として人としてとか、人間臭さとか、人間性の大切さとかが叫ばれるようになったのでしょう。

その成果は、人間性という琴線に響く感動というキーワードになって広がっています。

他人事でなく自分を含めた、今生きているすべての人はスピードと人間性を同時に問われているのです。

4　際限のない欲望はビジネスチャンスを生む

時代が求める商品・サービスを提供できる企業のみが生き残れる

消費者を中心とした、マーケティングが語られて久しいです。

商品の供給過剰の時代、当然といえば当然です。結果、マーケットには、消費者の欲求、欲望を満たす多種類の商品・サービスが店頭に満ち溢れています。

消費者はインターネット、情報媒体の商品情報の中から自分の嗜好、イメージにあった商品を選び出します。企業はこの消費者という飽くなき欲望を持つ生活者に、商品・サービスを提供し続けていくことでその存在価値を保っています。お金を払う人、商品を買う人の選択眼は膨大な情報にさらされることにより、これからも一層磨きがかかるでしょう。

そして自分の満足を満たすための選択力は、自らの財布と相談し購買選択の精度をあげます。消費者の選ぶという行為と、企業が提供するという行為との緊張関係が、マーケットを進化させているのです。

これは商品開発につながるマーケットの声です。この声は満足を知ることのない際限のない欲望の声でもあります。消費者は毎日発信される激流のような情報氾濫を、なんの戸惑いもなく受け入れています。

そしてその中から自分の欲しい物を、なんなく選別して手に入れています。

現代の消費者は、情報をスピード選別する能力が開発されているのでしょう。

必要という欲望が新商品・新サービスを生みだす

必要は発明の母です。

必要がその能力を開発したのでしょう。

消費者は高額商品であろうが日用品であろうが、すべての商品・サービスに対してより良いものを、より安く購入したいのです。その結果、個人の責任ですべてを選択し、意思決定をすることになり、煩雑さや孤独感を背負い込むはめになりました。

しかし、それでも消費者はたくましくマーケット環境に適応し、自分が欲しいと思っている物を手に入れたいと主張し続けています。

マーケットの中心では、このようないろいろの軸や側面を持った消費者が、生々しく声をあげています。

ネット社会でビジネス競争を生き残る者にとって、その声は現象ではなく、必然として受け止めなければならない事実なのです。

なぜなら、この声の中に未来のビジネスチャンスが潜んでいるからです。

5　どうすりゃ生き残れる

企業は自己資産を洗い直して現実の実態、体力を直視する

ネット社会は、前章で述べたような課題をあぶり出しました。

ビジネス環境に生き残るということは、このような課題をきっかけに、サバイバルアクションをおこすことです。

といっても、思いつきの夢想、妄想であってはビジネスとして生き残ることはできません。

良い悪いを含めて、現実としての自社を丸裸にすることから始めなければなりません。

自分の会社の実力はどの程度で、何が強みで、何が弱みかを見定めて、それをベースに何がしたいかを問うことです。

これにより、生命体としての自分（達）、会社の、生き残り戦略なり方向性が見えてきます。

しかし、意外にもこのわかりきったアクションは、実行に移されないのが現実です。

日常というルーティン活動は、営業活動ものみこんで他の業務活動と同じように、変化に対して無意識に拒否反応をとってしまうのです。

ついつい馴れ親しんだいつもの行動をとってしまうのです。

1日が過ぎ、1週間が過ぎ、あっという間に半年、1年が過ぎ去ってしまう。

そして、ついには生き残りのチャンスの時期をのがしてしまうのです。

企業は生命体です。

ビジネスの変革のタイミングをはずすと、その修復には異常なエネルギーを必要とします。下手をすると、生命体そのものを消滅させてしまいかねません。

生き残りのキーワードは新しさだ

新しさは、今までになかった商品・サービスであり、新しいビジネスのしくみ、ビジネスモデルの発見であり、発明です。新しさは差別化であり優位性そのものです。

この生み出された差別化、優位性は新市場、新事業をつくだします。

企業はそのためにも、現在継続維持している事業を徹底的に見直し、時代環境に適応した業態にリメイクしなければなりません。

昔からある牛丼屋が味の良さをいかして客の回転率、スピード対応、立地条件、フランチャイズシステムなどの要素を取込んで、カウンターテーブルの店舗を全国展開して成功しているのは周知の事実です。

成熟市場（事業）も見直しによって、いくらでも生きのびられるのです。

昔の喫茶店が、欧米のカフェをモデルにして日本に導入され、利益の薄さをフランチャイズシステムの多店舗化でおぎないながら、全国展開しているケースなど事例にこと欠きません。

いずれも現状の成熟事業を見直し、社会背景、技術、効率性、運営体制、経営システムに新しいアイデアとしくみを取込んでつくったものです。

新しさは既存のしくみの組み合わせに、新しい意味を加えることによって生まれる

新しいビジネスの創造は、社会に偏在する様々な要素の組み替え、組み合わせ、今までなかった新しいアイデア、しくみを取込んだ実験活動のなかから生まれます。

特に現代は、インターネット、モバイル機器という通信インフラにどう関与させるかが、新しいビジネスモデル創造に大きく影響します。

各企業は旧来の商品・サービスを真剣に見直し、市場の求めているビジネスモデルにリメイクしなければなりません。

生き残りのためです。そのためにはスピーディに実行することです。

ビジネスは、戦術上問題がない作戦も、実際にやってみるといろいろな問題が出てきます。

【図表15　生き残りのマーケティング】

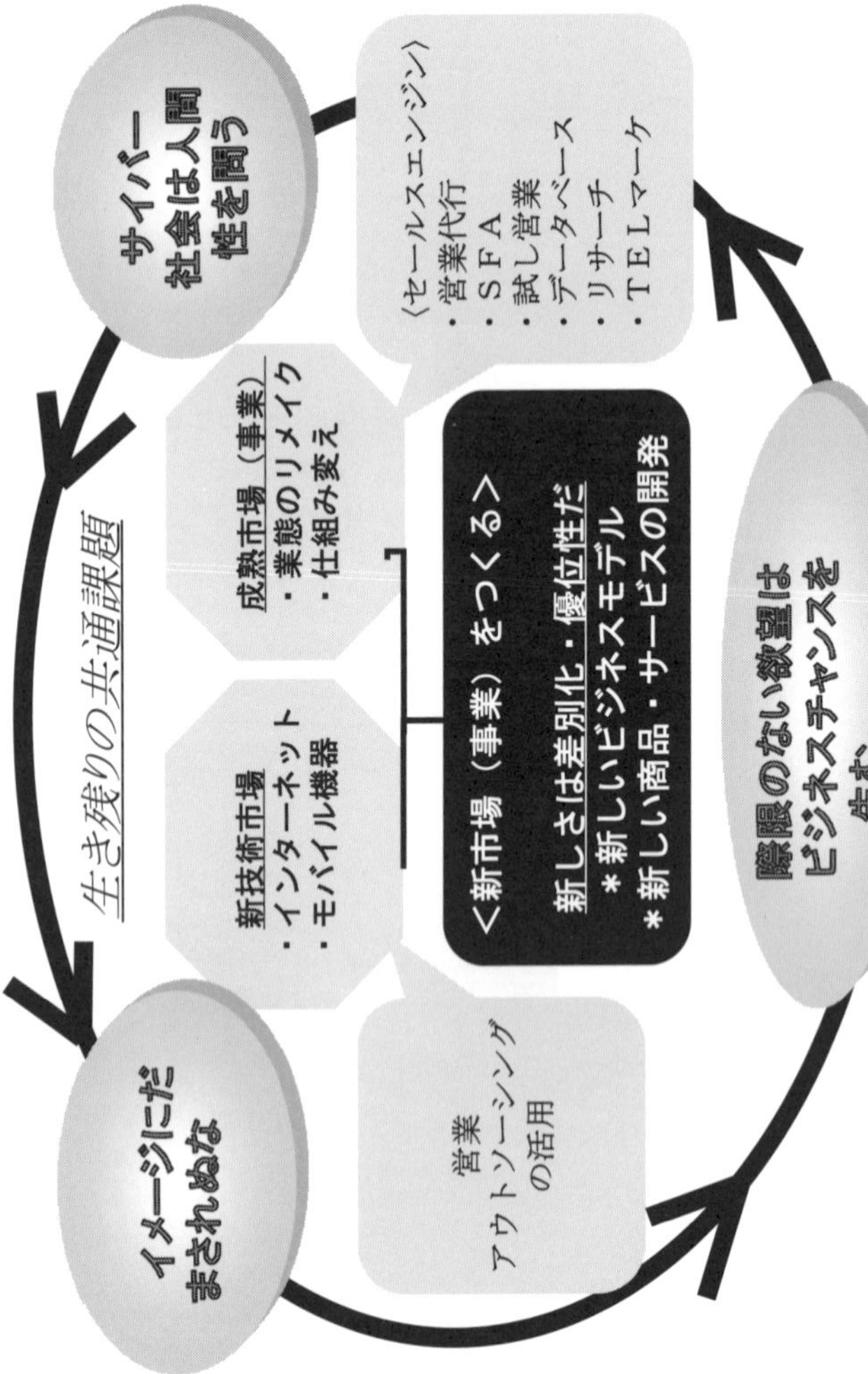
サイバー社会は人間性を問う
〈セールスエンジン〉
・営業代行
・ＳＦＡ
・試し営業
・データベース
・リサーチ
・ＴＥＬマーケ
成熟市場（事業）
・業態のリメイク
・仕組み変え
新技術市場
・インターネット
・モバイル機器
生き残りの共通課題
＜新市場（事業）をつくる＞
新しさは差別化・優位性だ
＊新しいビジネスモデル
＊新しい商品・サービスの開発
際限のない欲望はビジネスチャンスを生む
イメージにだまされぬな
営業アウトソーシングの活用

作戦の結果は、その新商品・サービスがマーケットに受け入れてもらうことで評価されます。これは営業活動においても同じです。

営業責任者は営業活動から生み出した売上高、利益高という成果で評価されます。活動結果は活動の組み立て、プロセスを点検することによって、ある程度の予測はできます。営業活動のプロセスは、結果を出すための営業戦術の策定、営業活動の実施、その結果分析から戦術修正を導き出す一連の流れです。

これらのプロセスの中に、営業力強化の時期が必ずあります。

営業力強化の根幹をなすのは人的パワーの増強

企業の営業スタッフに対する営業力のパワーアップは、必要なプログラムです。即戦力化、短期間での戦力化を必要とする場合は、戦力増員のしくみとして外部の営業アウトソーシングを活用することです。

もし営業スタッフの増員なしで、短期間で成果を求められた場合はどうなるでしょうか。

太平洋戦争末期の日本軍の教訓

明らかに、営業スタッフに負荷をかけすぎる消耗戦を強いることになります。

どんなすばらしい作戦を用意しても、その作戦を確実に実行に移せる営業人数、それを支援する物資、兵站体制がなければ、まさに絵に描いた餅で終わります。

明らかな負けいくさになります。

太平洋戦争と同じ轍は、踏みたくありません。

昭和17年4月大本営の海軍司令部が連合艦隊に引きずられ、攻勢終末点を越えた第二段作戦計画を決定したことにより南太平洋の戦線が拡大しました。そして取り返しのつかない泥沼におちいりました。無謀な作戦で南太平洋に戦線を広げすぎ、圧倒的な米軍の武器弾薬、物量の前に帝国陸軍部隊は島嶼に孤立させられました。大本営指導者に見捨てられた、帝国陸軍前線部隊の地獄の叫びが聞こえてくるようです。

戦いでの上層部の意思決定は、自分達の軍隊の実力を客観的に知り、思い上がりや、慢心にとらわれることなく決定しなければならない極めて責任の重いものです。

そして結果に対しては、なあなあで状況を濁すことなく、信賞必罰の行動規範を実行しなければ組織は腐ってしまうのです。

勝つということは、冷徹な意志と判断を要求されることです。そして、最後に必要なことは、行動する勇気、状況突破を方向づける勇気です。そして場合によっては、行動を終わらせる勇気です。

大本営指導者には、客観情勢を受け入れ情勢判断するという信念と勇気がありませんでした。

市場には膨大な数のライバル企業がいます。今日も激しいビジネス競争、戦争が、世界を舞台にして繰り広げられています。

そのような環境の中、生き残りの課題解決策は何か

それは、新しい商品、新しい組織の創造と、柔軟な攻撃態勢がとれる試し営業や営業代行の活用にそのヒントを内包させていると思います。

6　営業環境には、いろんな要素・エンジンがうなり声をあげている

営業環境は、〝営業活動を実際にやるのは誰だ〟から始まる

営業現場の活動は、いろんな要素、エンジンがからんできます。

そして、その中にはいくつかの重要なポイントがあります。

この営業をする人物の属性、資質、経験値などは重要な要素となります。

世の中には自分自身で営業の実践をしたこともなく、営業マーケティングは〝かくなるものである〟とのたまう自称先生と称する人達がいます。

しかし営業の原点は、講釈ではなく〝実際にやるのは誰だ〟から始まります。武道と同じです。主体は自分であって、相手が単数、複数にとらわれず、自分を中心軸においた動きの中で勝敗を決します。

営業活動は誰（誰がリーダー）がやるかによって結果は大きく違ってきます。

また人が違えば、やり方、営業戦術もまったく違います。

営業活動は抽象的想念とかけはなれた、極めてリアリティのある行為です。まさに、体温を感じさせるドロッとした人間臭い行為なのです。

対面営業はパーソナリティ、個性のすべてが武器になる

営業は売り込みの対象が男性か女性かとか、若者なのか中高年なのか、によってもアプローチの仕方、営業トークが違ってきます。

さらに売り込む側の営業スタッフが熟練者か、新人か、また商品・サービスそのものの魅力度、訴求力によっても活動成果は異なってきます。

その反面、営業職という職業は、その気になれば誰にもできる職業です。

たとえば、生れながらに吃音の人とか、手足が不自由な人など、一見営業職に不向きと思われる人であっても、その熱心さと取り組み方で、ハンディを強みに変えてすばらしい成果をあげる人達がたくさんいます。営業活動において意識の強さは、結果に通じます

2つ目のポイントは、個人の力ではどうすることもできない外的要因

ビジネス環境は自国の政治動向、世論、マーケットの方向性、景気状況、ネット社会化されたビジネス環境、他社の事業戦略、自社の事業戦略、自社組織、事業規模、財務状況、連携関係、さらには季節、天候、世界の政治・経済の動向など様々な要素が複雑にからみあってつくられています。

まさに、様々なエンジンがからみあって現実社会をつくっているのです。

このような複雑で予想しづらい環境下で営業活動を成功に導くには、まず何がしたいのか、何を目指すのかというビジョンを明確にした中長期の営業戦略が必要です。

現在、目の前で起っている事象を事実として全面的に受け入れ、世の中の現状を直視することです。その中から自分たちの戦略ビジョンに関係する事象をあぶり出し、組み合わせて成功へ向けたシナリオをつくるのです。

３つ目は、商品・サービス拡販のためのターゲットの絞り込み

これから拡販しようとする市場、ターゲットは、従来から参入していた既存の市場なのか、まったく新しい市場かによってアプローチ手法が違ってきます。そのマーケットが都市エリアなのか、郊外エリアなのか、アプローチ先が法人なのか、個人なのかによっても違ってきます。

ターゲットが法人の場合でも業界や企業規模、個人の場合でも性別、年齢、所得、購買嗜好によって売り方、アプローチ手法が異なります。

このように営業をとりまく環境は、多様な側面をもって複雑にからみあっているのです。

企業の営業戦略、戦術の仮説は、このように多様な要素、エンジンに各企業の独自資源、知恵、先読み、直感などをミックスしてつくりだされるのです。

【図表 16　営業環境】

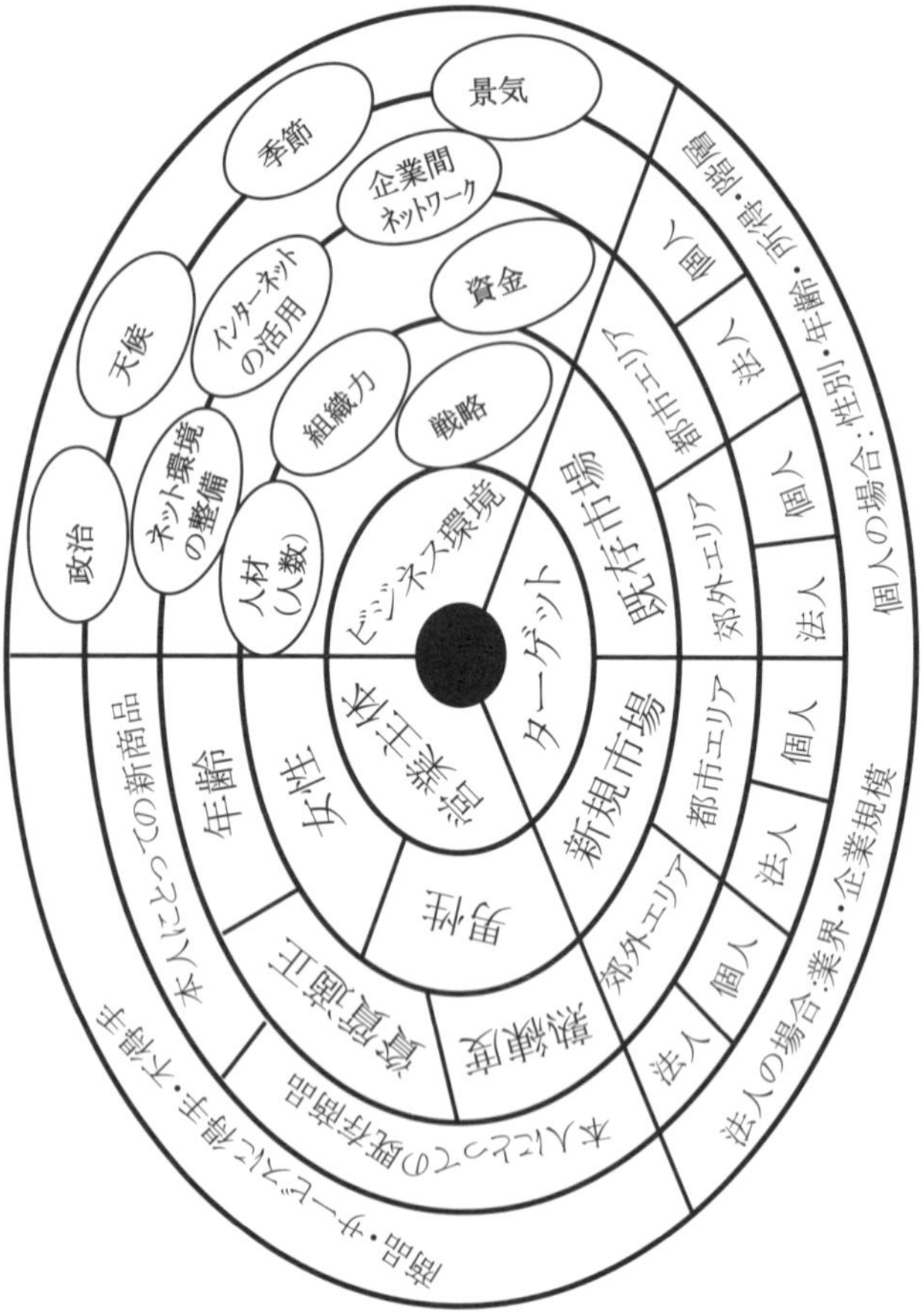
景気
季節
企業間
ネットワーク
天候
インターネット
の活用
資金
組織力
戦略
政治
ネット環境
の整備
人材
（人数）
ビジネス環境
ターゲット
既存市場
新規市場
都市エリア
郊外エリア
個人
法人
個人の場合：性別・年齢・所得・階層
法人の場合：業界・企業規模
女性
男性
年齢
購買頻度
購買意欲
本人にとっての新商品
本人にとっての既存商品
商品・サービスに得手・不得手

７　セールスエンジンをうまく活用しよう（リサーチ／テレマ／営業代行／ＳＦＡ／ＳＮＳ／ネット媒体／ｅｔｃ）

営業活動にはいろんな機能がある

市場を把握するためには、マーケティングリサーチを実施して実態を把握します。

新ビジネス立上げの場合、同業種の先行企業の活動情報を集めて実態を分析します。

そして導き出されたマーケット実態をベースに、拡販のターゲットを設定します。

営業アプローチの対象ターゲット（法人・個人）は、エリア別、対象別に分類したリストをつくります。

さらにターゲットリストにもとづいて、テレフォンアプローチをかけます。

ターゲットリストにもとづき電話をかけ、見込客を見つけアポイント（訪問予約）をとります。

営業スタッフは会える確率の少ない非効率な直接訪問を避け、電話によるファーストアプローチで見込客を絞り込むのです。

これからが営業スタッフの出番です。

営業スタッフは見込み客を訪問し、商品説明をしてクロージング（契約獲得）を目指します。

これが一般的な営業活動です。

現在、これらの各機能は、それぞれが専門機能として独立し進化してきています。

営業機能が進化し別々専門の営業系アウトソーシング会社になった

セールスエンジン会社の種類は、マーケティングリサーチ会社、データベース会社、テレフォンマーケティング会社、営業代行会社、マーケティング・コンサル会社などです。

補足すると、この他に営業活動を行動管理する営業支援システムを販売するＳＦＡ会社（セールス・フォース・オートメーション）もあります。

このソフトは、営業のスケジューリングから、訪問日報の管理、顧客企業やターゲット企業リストをデータベース化、情報共有し営業活動を支援します。

最近は、これにＳＮＳやネット媒体を使ったマーケティングを展開するセールスエンジンも加わってきています。

導入ポイントを押さえてセールスエンジンを活用する

これらの専門機能のうまい使い方は、企業の営業活動のプロセスで、ここぞという時期に導入することがポイントです。タイミングを見計らって、強化したい期間だけ、補強したい機能のセールスエンジン会社に業務委託するのです。

それによって自社の営業エンジンはよりパワーアップします。

【図表 17　セールスエンジンの活用】

おわりに

人による営業活動は、今後どうなるのか。

世の中は、モバイル端末、コンピュータを使って、いつ、どこからでも通信ネットワークに接続できるようになります。それによって、誰でも様々なサービスが提供されるというユビキタス社会、様々な物がインターネットにつながるというＩｏＴ社会が進化すれば、人による営業活動は必要なくなるのか。モバイルは、これからさらに高機能の携帯コンピュータとして進化していく。

ＳＮＳは会員同士のコミュニケーションによってソーシャルサイトを形成し、そのネットワークゾーンを急拡大しています。まさに、場所、時間を超えたサイバー空間で、コミュニティサイトが広がっているのです。

これからさらに、ＳＮＳはこのネットワークを活用した関連ビジネスを生み、拡大することが予想されます。残念ながらこのような社会環境の中で、営業活動はどう変化、進化していくのか明確な答を用意することはできません。

しかし、現実の社会を直視すると、地上に確実にはりついているのは人間です。そして多くの生物がおり、その生物は悠久な時間と大自然の中で、変化という言葉を知らないかのように生きています。この中で、特に人間という極めて可能性を秘めた動物が、地球上で壮大な実験をくりひろげているのです。

そこで展開される営業活動は、人間を必要とするのか。

フェース・トゥ・フェースで顔をつきあわせた対面交渉はなくなるのか。極端は極端と通じるものがあるという。サイバー社会が始まる今こそ、ウェブ機能を活用しながらも、もう一度人間に対するフェース・トゥ・フェースの売り方を見直してみてはどうでしょう。

日頃から営業部の中堅幹部以上のみなさんは、間違いなく〝こうすれば、こうなる〟という成功モデルの売り方を腹案として持っているはずです。この案を今こそ試し営業を使って、はき出してみてはどうでしょう。

21世紀は〝まさか〟が起こる時代。

〝そんな馬鹿な〟と思われることが忽然と起こる時代です。現実となる時代です。

まさにこの時代は、これはと思うような売り方を実践する時代でもあります。

今こそ、これはと思ったことは勇気を持って実行しよう。

その際は、ぜひセールスエンジン・営業代行を使ってみてください。

本書の出版にあたっては、Ｉ＆Ｎプランニング野崎雄三さんにたいへんお世話を頂きました。

心より感謝いたします。

宮本　梵

著者略歴

宮本　梵（みやもと　ぼん）

1949年山口県生まれ。

早稲田大学教育学部を卒業後、大日本印刷会社に入社。

印刷会社退社後、1977年から1978年、2年間43ヶ国世界を放浪し、そのうち1年はアフリカのサハラを横断し、ブラックアフリカ、ザイールのジャングルを楽しむ。燃える大地と太陽のアフリカ訪問国は13ヶ国。モロッコ、アルジェリア、ナイジェリア、チャド、カメルーン、セントラルアフリカ、ザイール、ルアンダ、ブルンディ、タンザニア、ザンビア、マダガスカル、ケニア。

帰国後は、派遣会社の株式会社キャリアスタッフ設立に参画し、その後、グループ会社である技術者派遣の株式会社テクノブレインを設立し、常務取締役に就任。

1999年、株式会社キャリアスタッフと外資派遣会社が資本合併し、取締役に就任。

2006年株式会社キャリアメイツ専務取締役就任。2009年退任する。通算30年間派遣業に携わる。

営業代行サービスは1995年から20年間実践と普及活動し現在に至る。

セールスブレーン代表。

著書に『アフリカ冒険一人旅』（三一書房）がある。

セールスブレーン　http://www.sbrain-net.com/
e-mail:info@sbrain-net.com

試し営業に抜群の効果「営業代行業者」の活用法

2015年9月11日　初版発行

著　者　宮本　梵　©Bonn　Miyamoto

発行人　森　忠順

発行所　株式会社 セルバ出版
〒113-0034
東京都文京区湯島1丁目12番6号 高関ビル5B
☎03（5812）1178　FAX 03（5812）1188
http://www.seluba.co.jp/

発　売　株式会社 創英社／三省堂書店
〒101-0051
東京都千代田区神田神保町1丁目1番地
☎03（3291）2295　FAX 03（3292）7687

印刷・製本　モリモト印刷株式会社

ISBN978-4-86367-226-0